定期テスト ズバリよくでる 英語｜2年

JN125641

もくじ

取り外してお使いください 赤シート+直前チェックBOOK,別冊解答

※全国の定期テストの標準的な出題範囲を示しています。学校の学習進度とあわない場合は、「あなたの学校の出題範囲」欄に出題範囲を書きこんでお使いください。

| Step 1 | 基本チェック | Unit 0
My Spring Vacation | 5分 |

■ 赤シートを使って答えよう！

❶ [be動詞の過去形]

□❶ 彼女は昨日忙しかったです。 She [was] busy yesterday.

□❷ あなたは昨日忙しかったですか。 [Were] you busy yesterday?

解答欄

❶

❷

❷ [過去進行形]

□❶ 私はそのとき公園で走っていました。

I [was] [running] in the park then.

□❷ あなたはそのとき勉強していましたか。

[Were] you [studying] then?

❶

❷

❸ [「…がある[いる]」の文]

□❶ 机の上に本があります。 [There] [is] a book on the desk.

❶

POINT

❶ [be動詞の過去形]

①be動詞am，isの過去形はwas，areの過去形はwereとなる。

・The man was an English teacher. [その男性は英語の先生でした。]
　　主語

②疑問文はbe動詞が主語の前に出る。

・Was the man an English teacher? [その男性は英語の先生でしたか。]
　　　主語

――Yes, he was. [はい，そうでした。] / No, he was not. [いいえ，そうではありませんでした。]

③否定文はbe動詞のあとにnotを置く。短縮形：was not = wasn't，were not = weren't

・The man was not[wasn't] an English teacher. [その男性は英語の先生ではありませんでした。]

❷ [過去進行形]

「…していました。」と過去に進行していた動作を表すには〈was[were] +…ing〉を使う。

・People were looking at the tyrannosaurus. [人々はティラノサウルスを見ていました。]

・Were people looking at the tyrannosaurus? [人々はティラノサウルスを見ていましたか。]

❸ [「…がある[いる]」の文]

There is[are] ….で「…がある[いる]」という意味を表す。…が単数ならis，複数ならareを使う。

・There are many good restaurants in Fukui. [福井にはよいレストランがたくさんあります。]
　　　　　　複数

Step 2 予想問題 ● **Unit 0 My Spring Vacation** ⏱ **10分** (1ページ10分)

Unit 0

❶ ①, ②は単語の意味を，③, ④は日本語を英語になおしなさい。 💡**ヒント**

☐① dinosaur （　　　　　） ☐② ago （　　　　　）

☐③ 化石 ＿＿＿＿＿ ☐④ 植物 ＿＿＿＿＿

❶
②過去を表す文でよく使われる。

❷ 日本語に合う英文になるように，＿＿に適切な語を書きなさい。

☐① あなたの家の近くに公園はありますか。
＿＿＿＿＿ ＿＿＿＿＿ a park near your house?

☐② 私は８時に学校に着きました。
I ＿＿＿＿＿ ＿＿＿＿＿ school at 8:00.

❷
①「…がある[いる]」の疑問文。a parkは単数なので，動詞はそれに合わせることに注意。

❸ 次の文を（　）内の指示にしたがって書きかえるとき，＿＿に適切な語を書きなさい。

☐① He was doing his homework then. （疑問文に）
＿＿＿＿＿ he ＿＿＿＿＿ his homework then?

☐② I have a notebook in my bag. （ほぼ同じ内容の文に）
＿＿＿＿＿ ＿＿＿＿＿ a notebook in my bag.

☐③ They were playing basketball yesterday. （否定文に）
They ＿＿＿＿＿ ＿＿＿＿＿ basketball yesterday.

❸
①「…していましたか」と過去に進行していた動作についてたずねる文にする。
②「私のかばんの中にノートがある」という表現になるようにする。

❹ 次の英文を日本語にしなさい。

☐① Were you listening to music last night?
（　　　　　　　　）

☐② He was a teacher three years ago.
（　　　　　　　　）

❹
①②過去形なのか過去進行形なのかに注意する。

❺ 次の日本語を英文にしなさい。

☐① 私は昨日テニスをしていました。
＿＿＿＿＿

☐② あなたは先週末，美術館にいましたか。
＿＿＿＿＿

❺
①「…していた」という過去に進行していた動作を表す文にする。
②過去のことをたずねる疑問文にする。

Step 1 基本チェック ・ **Unit 1　A Trip to Singapore**
～ Learning HOME ECONOMICS in English

10分

■ 赤シートを使って答えよう！

❶ [be going to ＋動詞の原形]

解答欄

☐❶ 私は明日，有名な寺を訪れるつもりです。

I [am][going] to visit a famous temple tomorrow.

❶

☐❷ あなたは今週末，買い物に行くつもりですか。

[Are][you] going to go shopping this weekend?

❷

☐❸ 母は明日，早起きするつもりはありません。

My mother [isn't][going] to get up early tomorrow.

❸

❷ [未来の文]

☐❶ 私は今日，宿題をするつもりです。

I [will][do] my homework today.

❶

☐❷ 彼は明日，図書館に行くでしょうか。

[Will] he go to the library tomorrow?

❷

☐❸ 彼女は今晩，テレビを見ないでしょう。

She [will][not] watch TV this evening.

❸

❸ [(人)に(もの)を…する]

☐❶ 私にあなたのノートを見せてください。

[Show][me] your notebook, please.

❶

☐❷ 彼は私たちに何冊かの本をくれました。

He [gave][us] some books.

❷

☐❸ 私は私の兄にセーターを買うつもりです。

I will [buy][my][brother] a sweater.

❸

❹ [AをBと呼ぶ]

☐❶ 私たちはその山を富士山と呼びます。

We [call] the mountain Mt. Fuji.

❶

☐❷ 彼らは私をケンと呼びました。

They [called][me] Ken.

❷

POINT

❶[be going to + 動詞の原形]

予定や計画している未来のことを表すには，〈am[are, is] + going to + 動詞の原形〉を使う。疑問文や否定文の作り方は，ふつうのbe動詞の文と同じ。

・I <u>am</u> going to visit Singapore next week.　[私は来週シンガポールを訪れるつもりです。]
　　└ be動詞は主語によって使い分ける

・He <u>is</u> going to visit Singapore next week.　[彼は来週シンガポールを訪れるつもりです。]
　　└ heは三人称単数なのでisを使う

・<u>Are</u> you going to visit Singapore next week?

　　　　　　　　　　　　　　　　　　　　[あなたは来週シンガポールを訪れるつもりですか。]

　　── Yes, I am.　[はい，そのつもりです。]

　　── No, I am not.　[いいえ，そうではありません。]

・We <u>are not</u> going to visit Singapore next week.

　　　　└ 短縮形にしてaren'tともできる　　　　　[私たちは来週シンガポールを訪れるつもりはありません。]

❷[未来の文]

「…するつもりです」「…でしょう」と意志や未来のことを表すには，〈will + 動詞の原形〉を使う。

・I will make a reservation.　[私が予約をしましょう。]

・Will you make a reservation?　[あなたは予約をするのでしょうか。]

　　── Yes, I will.　[はい，します。]

　　── No, I will not.　[いいえ，しません。]

・I will not make a reservation.　[私は予約をしないでしょう。]

❸[(人)に(もの)を…する]

〈動詞 + (人) + (もの)〉で「(人)に(もの)を…する」という意味を表す。この形で使われる動詞には，show「…を見せる，示す」，give「…を与える，渡す，もたらす」，buy「…を買う」，tell「…を話す，教える」，teach「…を教える」などがある。

・I will <u>show</u> <u>you</u> <u>the Merlion</u>.　[私はあなたにマーライオンを見せましょう。]
　　　　　動詞　人　もの

・Did Kana <u>give</u> <u>the boy</u> <u>a photo</u>?　[カナはその少年に写真をあげましたか。]
　　　　　動詞　人　もの

❹[AをBと呼ぶ]

〈call + A + B〉で「AをBと呼ぶ」という意味を表す。

・People <u>call</u> <u>it</u> <u>the Singapore Flyer</u>.　[人々はそれをシンガポールフライヤーと呼びます。]
　　　　　A　　　B

Step 2 予想問題 : Unit 1　A Trip to Singapore
～ Learning HOME ECONOMICS in English

40分
(1ページ10分)

❶ ❶～❼は単語の意味を，❽～⓮は日本語を英語になおしなさい。 💡ヒント

□❶ meter （　　　　）　　□❷ aunt （　　　　）

□❸ wife （　　　　）　　□❹ trouble （　　　　）

□❺ abroad （　　　　）　　□❻ uncle （　　　　）

□❼ far （　　　　）　　□❽ rideの過去形 ＿＿＿＿

□❾ 休日，休暇 ＿＿＿＿　　□❿ 夫 ＿＿＿＿

□⓫ 客，泊まり客 ＿＿＿＿　　□⓬ 文化 ＿＿＿＿

□⓭ クッキー ＿＿＿＿　　□⓮ 贈り物 ＿＿＿＿

❶
❶⓭日本語とは発音がちがうので注意。
❹❾日本語でもよく使われる言葉。

❷ 次の語で最も強く発音する部分の記号を答えなさい。

□❶ com-mu-ni-cate
　　 ア　イ　ウ　エ
　　　　　　　　　（　　　）

□❷ cer-tain-ly
　　 ア　イ　ウ
　　　　　　　　　（　　　）

□❸ res-er-va-tion
　　 ア　イ　ウ　エ
　　　　　　　　　（　　　）

□❹ sym-bol
　　 ア　イ
　　　　　　　　　（　　　）

□❺ ex-pe-ri-ence
　　 ア　イ　ウ　エ
　　　　　　　　　（　　　）

□❻ a-pol-o-gize
　　 ア　イ　ウ　エ
　　　　　　　　　（　　　）

❷
❶「連絡する，意思の疎通をする」という意味。
❷返事で「承知しました」というときに使われる表現。
❹「シンボル，象徴，記号」という意味。

❸ （　）内に入れるのに最も適切な語を，
　 ㋐～㋓から選んで記号を書きなさい。

□❶ I'm（　　）read this book tomorrow. （　　　）
　　 ㋐ will　㋑ going to　㋒ can　㋓ going

□❷ My sister gave（　　）a nice sweater. （　　　）
　　 ㋐ my　㋑ mine　㋒ I　㋓ me

□❸ We（　　）him Ken. （　　　）
　　 ㋐ are　㋑ want　㋒ call　㋓ like

□❹ It（　　）be sunny tomorrow. （　　　）
　　 ㋐ will　㋑ is　㋒ does　㋓ did

❸ ⊗ミスに注意
❶I'mはI amの短縮形。be動詞が使われていることに注意する。
❷「私に」という意味の語を選ぶ。
❹tomorrow「明日(は)」があることに注意する。

❹ 日本語に合う英文になるように，_____ に適切な語を書きなさい。

□❶ 私たちはすぐに駅につきました。

We got to the station _____ _____.

□❷ その電話は故障しています。

The telephone _____ _____.

□❸ あなたはよい医者になるでしょう。

_____ _____ a good doctor.

□❹ 私のお母さんは，昨日買い物に行きました。

My mother _____ _____ yesterday.

□❺ となりの部屋の男性がイヌをさがしています。

The man _____ _____ is looking for a dog.

□❻ 私の車に問題があります。

I have a _____ _____ my car.

□❼ 遅れたことをおわびいたします。

I _____ _____ being late.

□❽ 手伝ってもらえますか。

_____ you help me?

❺ 次の文を（　）内の指示にしたがって書きかえるとき，
_____ に適切な語を書きなさい。

□❶ You are going to visit Kyoto.　（疑問文に）

_____ you _____ to visit Kyoto?

□❷ She is going to study math.　（否定文に）

She _____ _____ going to study math.

点UP □❸　I bought flowers for him.　（ほぼ同じ内容の文に）

I bought _____ _____.

□❹ Meg will go to the zoo with her grandfather.　（疑問文に）

_____ Meg _____ to the zoo with her

grandfather?

□❺ He will play the violin tomorrow.　（否定文に）

He _____ _____ _____ the violin

tomorrow.

［解答▶p.1］　**7**

---

❹

❸解答欄の数が2つなので，短縮形を使う。

❹「買い物に行く」は2語で表すことができる。過去の文なので動詞を過去形に。

❺「となりの部屋」という意味の2語が直前のThe manを修飾している。

❺

❶〈be going to＋動詞の原形〉の疑問文では，be動詞が主語の前に出る。

❷否定文はbe動詞のあとにnotを置く。

❸bought はbuy の過去形。buy のあとの語順に注意。

Unit 1 ~ Learning HOME ECONOMICS in English

❻ 次の文に対する応答として適切なものを，
（　）内を参考に英語で書きなさい。

□❶ Are you going to visit Tokyo next weekend?
（「はい，そのつもりです」と答える）

□❷ What do you call her?
（「私は彼女をエミと呼びます」と答える）

□❸ Will you go shopping with your father?
（「いいえ，そのつもりではありません」と答える）

□❹ What are you going to do this weekend?
（「音楽を聞くつもりです」と答える）

□❺ What will you do in the park?
（「サッカーをするつもりです」と答える）

❼ 次の英文を日本語にしなさい。

□❶ Is she going to visit the U.K. next year?
（　　　　　　　　　　　　　　　　）

□❷ Everyone calls me Aki.
（　　　　　　　　　　　　　　　　）

□❸ My mother bought me this bag.
（　　　　　　　　　　　　　　　　）

□❹ He isn't going to have lunch at 12:00.
（　　　　　　　　　　　　　　　　）

□❺ There are no towels in this room.
（　　　　　　　　　　　　　　　　）

□❻ I'll show him some pictures.
（　　　　　　　　　　　　　　　　）

□❼ The TV in this room doesn't work.
（　　　　　　　　　　　　　　　　）

ヒント

❻
❷〈call＋A＋B〉で「Aを
Bと呼ぶ」という意味
になる。
❹〈be going to＋動詞
の原形〉の疑問文で
たずねられているの
で，答えるときも〈be
going to＋動詞の原
形〉を使う。
❺willの前にwhatがあ
るので，「何を…する
つもりですか」とたず
ねる文である。will
を使って答える。

❼
❶〈be going to＋動詞
の原形〉の疑問文。
❷〈call＋A（人・もの）
＋B（名前）〉の文。
❺There is[are] ....で
「…がある［いる］」と
いう意味。

❽ 日本語に合う英文になるように，（　）内の語(句)を並べかえなさい。

点UP

□ ❶ 私の兄が宿題を手伝ってくれました。
（ helped / with / my brother / me / my homework ）.
_____.

□ ❷ ブラウン先生は私たちに英語を教えています。
（ teaches / Ms. Brown / us / English ）.
_____.

□ ❸ あなたは家族と滞在するつもりですか。
（ going / you / stay / your family / are / with / to ）?
_____?

□ ❹ 私は弟にこの辞書をあげるつもりです。
（ will / my brother / this dictionary / I / give ）.
_____.

□ ❺ この部屋には窓がありません。
（ windows / are / in this room / no / there ）.
_____.

□ ❻ 私のお父さんはこのイヌをポチと呼びます。
（ this dog / calls / my father / Pochi ）.
_____.

□ ❼ あなたは夕食後に何をするつもりですか。
（ will / do / after / you / what / dinner ）?
_____?

❾ 次の日本語を英文にしなさい。ただし，（　）内の指示がある場合，それにしたがうこと。

□ ❶ 彼は明日ギターを弾かないつもりです。（willを使って）
_____

□ ❷ 私は彼女に赤いかばんをあげました。（6語で）
_____

□ ❸ カナは今週末に彼女のノートをさがすつもりです。（willを使って）
_____

□ ❹ 私たちにその地図を見せてください。
_____

💡ヒント

❽
❸「…するつもりですか」と予定や未来のことをたずねる表現の疑問文にする。
❺There is[are] ....で「…がある[いる]」という意味。「ありません」と否定する語の位置に注意。
❼「何を…するつもりですか」という未来のことについてたずねる疑問文にする。

❾
❶willを使った否定文。
❸「…をさがす」は2語で表すことができる。
❹相手に指示・命令をする場合は，動詞で文を始める。

Step 3 予想テスト
Unit 1　A Trip to Singapore
~ Learning HOME ECONOMICS in English 30分
／100点
目標 80点

❶ 日本語に合う英文になるように，＿＿に適切な語を書きなさい。知　　10点（各完答5点）

❶ テレビが故障しています。　The TV _____ _____.

❷ 私たちはすぐに駅に行きました。　We went to the station _____ _____.

❷ 日本語に合う英文になるように，（　）内の語(句)を並べかえなさい。知　　20点（各5点）

❶ 明日は雨になるでしょう。（ be / it / rainy / will / tomorrow ）.

❷ その箱の中にはボールがありません。（ are / in / there / no / balls / the box ）.

❸ 彼は明日，野球をするつもりですか。
　（ going / he / to / baseball / is / play / tomorrow ）?

❹ 私の夫はその男性をケンと呼びます。（ calls / my husband / the man / Ken ）.

❸ 次の対話文について（　）に入れるのに，最も適切な文の記号を書きなさい。知
16点（各8点）

❶ *Guest:*　I have a problem with the door. Please check it.
　Clerk:　（　　）I'll check it.
　㋐ Probably.　　㋑ Early.　　㋒ Suddenly.　　㋓ Certainly.

❷ *Boy:*　（　　）I bought a birthday gift for my mother.
　Girl:　That's nice. She'll be happy.
　㋐ What's wrong?　　㋑ How about you?　　㋒ Guess what?　　㋓ Get well soon!

❹ 次の対話文を読んで，あとの問いに答えなさい。表　　30点

Asami:　①(do / are / we / going / what / to / today)?
Uncle:　②(　　　), we're going to visit Merlion Park.
Asami:　Is the park far from here?
Uncle:　No, it's not. ③You'll see the Merlion soon.
Asami:　I can't wait.

❶ 下線部①が「今日，私たちは何をするつもりですか。」という意味になるように，
　（　）内の語を並べかえなさい。　　（7点）

❷ 下線部②の（　）内に入れるのに最も適切な語を，㋐～㋓から選んで記号を書きなさい。
　㋐ Fast　　㋑ Really　　㋒ One　　㋓ First　　（7点）

❸ 下線部③を日本語になおしなさい。　　　　　　　　　　　　　　　　　　　　　(8点)

❹ アサミとおじさんはどこに行くつもりですか。行き先を日本語で書きなさい。　　　(8点)

❺ 次のメモは，メグの週末の予定です。
メモを参考に，メグの予定について説明する英文を書きましょう。 表　　24点(各8点)

> 土曜日：英語の勉強をする(朝)
> 　　　　音楽を聞く(夜)
> 日曜日：クッキーを作る(朝)
> 　　　　公園でサッカーをする(午後)

❶ What is Meg going to do on Saturday night?

❷ What will Meg do on Sunday morning?

❸ What is Meg going to do on Sunday afternoon?

❶	❶		
	❷		
❷	❶		.
	❷		.
	❸		?
	❹		.
❸	❶	❷	
❹	❶		?
	❷		
	❸		
	❹		
❺	❶		
	❷		
	❸		

Step 1 基本チェック

Unit 2　Food Travels around the World
～ Grammar for Communication 2

10分

■ 赤シートを使って答えよう!

❶ […(の)ときに]

解答欄

□❶ 私は4歳のときにアメリカに行きました。

　I went to America [when] I was four years old.

❶ _____

□❷ 私が彼に電話をしたとき, 彼は数学を勉強していました。

　[When] I called him, he was studying math.

❷ _____

❷ [(もし)…ならば]

□❶ もしあなたが忙しいならば, 私があなたを手伝います。

　[If] you are busy, I will help you.

❶ _____

□❷ もしひまなら, この本を読んでください。

　Please read this book [if] you are free.

❷ _____

❸ […と思う]

□❶ 彼女は親切だと私は思います。

　I think [that] she is kind.

❶ _____

□❷ 明日晴れることを私たちは望みます。

　We hope [that] it will be sunny tomorrow.

❷ _____

❹ [(なぜなら)…だから]

□❶ 私は今宿題をしているので, 行けません。

　I can't go [because] I'm doing my homework now.

❶ _____

□❷ 今日は雨が降っているので, 彼は家にいます。

　[Because] it is rainy today, he stays at home.

❷ _____

❺ […してもよいですか]

□❶ あなたに質問をしてもよいですか。

　[May] I ask you a question?

❶ _____

❻ […してくださいませんか]

□❶ 窓を開けてくださいませんか。

　[Could] you open the window?

❶ _____

POINT

❶ […(の)ときに]

「…(の)ときに」という時を表すにはwhenを使う。whenのあとには[主語＋動詞]の文が続く。

・When I watch TV, I see many interesting dishes.
　　　　主語　動詞　　　コンマが必要

　＝I see many interesting dishes when I watch TV.

[私はテレビを見るとき，たくさんの興味深い料理を見ます。]

❷ [(もし)…ならば]

「(もし)…ならば」と条件を表すにはifを使う。ifのあとには[主語＋動詞]の文が続く。

・If you have time, we can go. ＝ We can go if you have time.
　　　　コンマが必要　　　　　　　[もし時間があれば，私たちは行くことができます。]

ifのあとに続く文は，未来のことであっても現在形で表す。

・If it is sunny tomorrow, we will go to the park.
　　　現在形　　　　　　　　　　　　未来　　　　[もし明日晴れたら，私たちは公園に行くつもりです。]

❸ […と思う]

think (that) …は「…と思う」という意味。このthatは省略されることが多い。hopeやknowなどの動詞もthat …を続けることができる。

・I think (that) curry came to Japan from India.

[私はカレーはインドから日本に来たと思います。]

❹ [(なぜなら)…だから]

「(なぜなら)…だから」と理由を表すにはbecauseを使う。

・I do not eat sushi because I do not like raw fish.
　　　　　　　　　　　　　　　〈主語＋動詞…〉

　＝Because I do not like raw fish, I do not eat sushi.
　　　　　　　　　　　　　　　コンマが必要　[私は生魚が好きではないので，すしを食べません。]

❺ […してもよいですか]

「…してもよいですか」とていねいに許可を求めるときには，May I …?と聞く。May I …?はCan I …?よりもていねいな表現。

・May I ask you a favor? ［1つお願いしてもよろしいですか。］ —— Sure. ［もちろん。］

❻ […してくださいませんか]

「…してくださいませんか」とていねいにお願いするときには，Could you …?と聞く。
Could you …?はCan you …?やPlease ….よりもていねいな表現。

・Could you take our picture? ［私たちの写真を撮ってくださいませんか。］
　—— All right. / OK. ［いいですよ。］

❺❻許可するときや引き受けるときは，Sure.やAll right.などを使う。

Step 2 予想問題 ・ **Unit 2　Food Travels around the World ～ Grammar for Communication 2** 40分 (1ページ10分)

❶ ❶～❼は単語の意味を，❽～⓮は日本語を英語になおしなさい。 💡ヒント

□❶ company （　　　）
□❷ sale （　　　）
□❸ century （　　　）
□❹ thick （　　　）
□❺ sometime （　　　）
□❻ seaweed （　　　）
□❼ the U.S. （　　　）
□❽ シェフ, コック長 ＿＿＿
□❾ 小麦粉 ＿＿＿
□❿ 混合物, ブレンド ＿＿＿
□⓫ hearの過去形 ＿＿＿
□⓬ もとは, はじめは ＿＿＿
□⓭ …を創造する, つくり出す ＿＿＿
□⓮ …を生産する, …を生じる ＿＿＿

❶
❺sometimesは「ときどき」という意味。間違えやすいので注意。
❻weedは「雑草」という意味の単語。
❾発音はflower「花」と同じ。

❷ 次の語で最も強く発音する部分の記号を答えなさい。

□❶ di-rect-ly
　ア　イ　ウ
（　　　）
□❷ in-ter-est-ing
　ア　イ　ウ　エ
（　　　）
□❸ pow-der
　ア　イ
（　　　）
□❹ an-oth-er
　ア　イ　ウ
（　　　）

❷
❶「直接に」という意味。
❹「もう1つの, ほかの」という意味。

❸ (　)内に入れるのに最も適切な語を，⑦～ⓔから選んで記号を書きなさい。

□❶ There are many (　　) of flowers. They are beautiful.
　⑦ some　⑦ then　⑦ kinds　ⓔ that （　　　）
□❷ I can't eat it (　　) I don't like cheese. （　　　）
　⑦ if　⑦ that　⑦ when　ⓔ because
□❸ My mother hopes (　　) it will be sunny tomorrow.（　　　）
　⑦ this　⑦ then　⑦ that　ⓔ these
□❹ Ken sometimes cooks (　　) his mother is busy. （　　　）
　⑦ that　⑦ when　⑦ these　ⓔ where

❸
❶「たくさんの種類の」という意味になるようにする。
❷理由を述べるときに使う表現。

💡ヒント

❹ 日本語に合う英文になるように，＿＿＿に適切な語を書きなさい。

☐ **❶** 私は日本の歴史に興味があります。

I am ＿＿＿＿＿＿＿＿ ＿＿＿＿＿＿＿ Japanese history.

☐ **❷** スパゲッティはイタリアから来ました。

Spaghetti ＿＿＿＿＿＿＿＿ ＿＿＿＿＿＿＿＿ Italy.

☐ **❸** 明日の朝に折り返し電話をします。

I will ＿＿＿＿＿＿＿＿ ＿＿＿＿＿＿＿＿ tomorrow morning.

☐ **❹** あなたにお願いしてもよいですか。

May I ask you ＿＿＿＿＿＿＿＿ ＿＿＿＿＿＿＿＿ ?

☐ **❺** 私はその国について聞いたことがありません。

I never ＿＿＿＿＿＿＿＿ ＿＿＿＿＿＿＿＿ the country.

☐ **❻** ねえ，彼女は13歳でしょう。

＿＿＿＿＿＿＿＿ ＿＿＿＿＿＿＿＿, she is thirteen years old.

☐ **❼** はい，チーズ！

＿＿＿＿＿＿＿＿ ＿＿＿＿＿＿＿＿ !

☐ **❽** その会社は売り物のくつを生産した。

The company produced shoes ＿＿＿＿＿＿＿＿ ＿＿＿＿＿＿＿＿ .

☐ **❾** 私の宿題を手伝ってくださいませんか。

＿＿＿＿＿＿＿＿ ＿＿＿＿＿＿＿＿ help me with my homework?

☐ **❿** (❾の答えとして)すみませんが，今私は忙しいです。

I'm sorry, ＿＿＿＿＿＿＿＿ I'm busy now.

❺ 次の＿＿＿に適切な語を下から選んで書きなさい。
ただし，同じ語を２度使うことはできません。

☐ **❶** I never heard ＿＿＿＿＿＿＿＿ that.

☐ **❷** They named the cat Tama ＿＿＿＿＿＿＿＿ the name of the river.

☐ **❸** It is not ＿＿＿＿＿＿＿＿ sale.

☐ **❹** She is interested ＿＿＿＿＿＿＿＿ basketball.

☐ **❺** The rice came ＿＿＿＿＿＿＿＿ China.

☐ **❻** I want ＿＿＿＿＿＿＿＿ eat sandwiches.

after	for	in	to	of	from

❹

❹ May I ...? は「…してもよいですか」と相手に許可を求めるときの表現。

❺ never は「今までに一度も…しない」という否定を表す。

❻ 会話の途中などで，相手に呼びかけるように話すときに使われる表現。

❼ 写真を撮るときに使う表現。

❿ 相手に何かをお願いされたときに，断る表現。

❺ ❌ ミスに注意

❷ 動詞の name は「名付ける」という意味で使われる。

❺ 人の紹介などで使う「…出身です」という意味の他にも，「…から来ている」という意味で使われる。

❻ 「食べたい」という意味になるようにする。

Unit 2 ~ Grammar for Communication 2

❻ 次の文に対する応答として適切なものを，
（　）内を参考に英語で書きなさい。

☐ ❶ Why did you stay at home yesterday?
（「なぜなら昨日は雨が降っていたからです」と答える）

_____

☐ ❷ What do you usually do when you are free?
（「音楽を聞きます」と答える）

_____

☐ ❸ What kind of food do you like?
（「日本食が好きです」と答える）

_____

☐ ❹ What do you want to see if you go to the zoo tomorrow?
（「パンダを見たいです」と答える）

_____

☐ ❺ What did you do when you were ten years old?
（「毎日ピアノを弾きました」と答える）

_____

❼ 次の英文を日本語にしなさい。

☐ ❶ Study hard if you want to be a doctor.
（　　　　　　　　　　　　　　　　　　　）

☐ ❷ I think that it will be cloudy tomorrow.
（　　　　　　　　　　　　　　　　　　　）

☐ ❸ She didn't come here because she had a stomachache.
（　　　　　　　　　　　　　　　　　　　）

☐ ❹ He takes the bus when it is rainy.
（　　　　　　　　　　　　　　　　　　　）

☐ ❺ Could you give me another bread?
（　　　　　　　　　　　　　　　　　　　）

☐ ❻ May I use this computer?
（　　　　　　　　　　　　　　　　　　　）

❻
❶ Why ...?は「なぜ…」
と相手に理由をたず
ねる表現。「（なぜな
ら）…なので」の形で
答える。
❸「私は…が好きです」
はI like ....で表す。
❹「…したい」はwant
to ...で表す。

❼ ✖ ミスに注意
❷この that は省略で
きる。
❸ because は理由を
述べるときに使う。
❺ Could you ...?は相
手にていねいにお願
いする表現。

❽ 日本語に合う英文になるように，
（　）内の語(句)を並べかえなさい。

□❶ 私は生の野菜が好きなのでサラダが食べたいです。
（ want / eat / I / like / to / salad / I / because / raw
vegetables ）.

_____.

□❷ この食べ物はニュージーランドから来ました。
（ came / this food / New Zealand / from ）.

_____.

□❸ 私はこれらの花は美しいと思います。
（ think / beautiful / that / flowers / I / these / are ）.

_____.

□❹ もしあなたが忙しいなら，私が手伝います。
I will help you （ you / are / if / busy ）.
I will help you _____.

□❺ 私にその写真を見せてくださいませんか。
（ show / the photo / you / could / me ）?

_____?

□❻ 彼はこのプレゼントを手にしたとき，とてもうれしそうでした。
He （ this present / very / when / looked / he / got /
happy ）.
He _____.

❾ 次の日本語を英文にしなさい。
ただし，（　）内の指示がある場合，それにしたがうこと。

□❶ 私はその映画がおもしろいことを知っています。

_____

□❷ もし明日雪が降ったら，私たちは動物園に行かないでしょう。
（willを使って）

_____

□❸ ここに座ってもよいですか。（mayを使って）

_____

□❹ 彼女は空腹だったので，レストランに行きました。

_____

💡ヒント

❽
❶becauseは「…だから，…なので」と理由を表す語。
❺相手にていねいにお願いをするときに使う表現。
❻lookは「…のように見える」という意味もある。

❾ ✖ミスに注意
❷「(もし)…ならば」という条件を表す文。
❸相手に許可を求めるときの表現。
❹「(なぜなら)…だから」という理由を表す文。

Step 3 予想テスト : **Unit 2　Food Travels around the World ～ Grammar for Communication 2**　⏱ 30分　／100点　目標80点

❶ 日本語に合う英文になるように，＿＿に適切な語を書きなさい。 知　12点（各完答6点）

❶ 私は5歳のとき，アメリカに行きました。

I went to the U.S. ＿＿＿＿ ＿＿＿＿ ＿＿＿＿ five years old.

❷ 彼はその言葉を一度も聞いたことがなかったので，辞書を使いました。

He used a dictionary ＿＿＿＿ he never ＿＿＿＿ ＿＿＿＿ the word.

❷ 日本語に合う英文になるように，（　）内の語(句)を並べかえなさい。 知　15点（各5点）

❶ もしあなたがひまなら，私といっしょに来て。

(you / with / if / come / free / me / are).

❷ 私はケンが幸せなのを知っています。　(Ken / know / happy / I / is).

❸ 駅に着いたら私に電話してください。

Please (when / me / to / you / the station / get / call).

❸ 次の対話文について（　）に入れるのに，最も適切な文の記号を書きなさい。 知

16点（各8点）

❶ *Men:*　　May I ask you a favor?

Women: （　　）

㋐ All right.　　㋑ Sounds good.　　㋒ I don't know.　　㋓ Thank you.

❷ *Girl:*　I'm busy now. （　　）

Boy:　No problem.

㋐ Why not?　　㋑ What's wrong?　　㋒ Could you help me?　　㋓ Do you like it?

❹ 次の対話文を読んで，あとの問いに答えなさい。 表　32点

Asami:　①There's a good curry restaurant near my house.

Josh:　Really?　I want to go there ②(　　).

Asami:　Meg and Kaito will go there this Sunday.

③(you / can / with / time / if / them / go / we / , / have).

Josh:　Great!　I want to eat curry pilaf.

❶ 下線部①を日本語になおしなさい。 (8点)

❷ 下線部②の（　）内に「いつか」という意味の1語を書きなさい。 (8点)

❸ 下線部③が「もしあなたに時間があれば，私たちは彼らといっしょに行けます。」という意味になるように，（　）内の語と符号を並べかえなさい。 (8点)

❹ ジョシュはカレーのレストランで何を食べたいと言っていますか。日本語で書きなさい。 (8点)

❺ **次の日本語を英文にしなさい。**表 25点（各5点）

❶ 私は動物が好きなので，獣医になりたいです。

❷ 彼は中学生のときに，歴史に興味がありました。

❸ もしあなたのお母さんが忙しいのならば，私が彼女を手伝いましょう。

❹ 私は明日晴れることを望んでいます。

❺ あなたは博物館に行ったときに，何を見ましたか。

❶	❶			
	❷			

❷	❶	.
	❷	.
	❸ Please	.

❸	❶	❷	

❹	❶		❷	
	❸	.		
	❹			

❺	❶
	❷
	❸
	❹
	❺

| Step 1 | 基本チェック | : | Unit 3　My Future Job ～ Stage Activity 1 | 　10分 |

■ 赤シートを使って答えよう!

❶ […するために]

解答欄

□❶ 私は公園の中を歩くために早起きしました。

I got up early [to] [walk] in the park.

❶ _____

□❷ 彼は本を読むために図書館に行きました。

He went to the library [to] [read] some books.

❷ _____

□❸ 私たちはパンダを見るために動物園を訪れました。

We visited the zoo [to] [see] pandas.

❸ _____

□❹ エミはバスケットボールをするために体育館に行くでしょう。

Emi will go to a gym [to] [play] basketball.

❹ _____

❷ […して]

□❶ 私は彼のことについて聞いて残念です。

I'm sorry [to] [hear] of him.

❶ _____

□❷ 彼はテレビを見てわくわくしています。

He is excited [to] [watch] TV.

❷ _____

□❸ 私は新しいラケットを手に入れて幸せです。

I'm happy [to] [get[have]] a new racket.

❸ _____

□❹ 私はそのことを聞いて驚きました。

I was surprised [to] [hear] that.

❹ _____

POINT

❶ […するために]

〈to＋動詞の原形〉で「…するために」という目的を表す。

・We use computers <u>to do</u> many things.

　　動詞 └──────────┘　　　動詞を修飾(副詞の働き)「…するために」

　　[私たちはたくさんのことをするためにコンピュータを使います。]

❷ […して]

〈to＋動詞の原形〉が「…して」という意味で，感情の原因を表す。

・I am surprised <u>to see</u> this.　　[私はこれを見て驚いています。]

　　　　　　　　　└── to以下が「驚いている (be surprised)」原因を表している

20

❸ […すべき]

☐❶ あなたには読むべき本が何冊かあります。

You have some books [to] [read].

☐❷ 私は昨日，するべき宿題がたくさんありました。

I had a lot of homework [to] [do] yesterday.

❹ [〜するのは…です]

☐❶ その英語の歌を歌うのは難しいです。

[It] is difficult [to] sing the English song.

☐❷ その意味を理解することが必要です。

[It] is necessary [to] understand the meaning.

❺ […すること]

☐❶ 私は英語の先生になりたいです。

I want [to] [be] an English teacher.

☐❷ 彼女はテニスをすることが好きです。

She likes [to] [play] tennis.

☐❸ 数学を勉強することはおもしろいです。

[To] [study] math is interesting.

POINT

❸ […すべき]

〈to＋動詞の原形〉で「…すべき」「…するための」という意味で，直前の(代)名詞を修飾する。

・We have various things to translate. [翻訳すべきものはいろいろあります。]

　　　　　　　名詞「もの」┘　　直前の(代)名詞を修飾「翻訳するための」

❹ [〜するのは…です]

〈It is … ＋ to＋動詞の原形〉で「〜するのは…です」という意味を表す。

・It is important to use AI effectively. [人工知能を効果的に使うことが重要です。]

　└ It は to 以下の内容を表す形式上の主語

❺ […すること]

〈to＋動詞の原形〉で「…すること」「…であること」という名詞の働きをする。

・I want to use AI effectively. [私は人工知能を効果的に使いたいです。]

　　「…を望む」「人工知能を効果的に使うこと」

Step 2 予想問題 · **Unit 3　My Future Job ~ Stage Activity 1**

40分
(1ページ10分)

❶ ❶～❽は単語の意味を，❾～⓰は日本語を英語になおしなさい。 💡ヒント

☐❶ message （　　　　　）　　☐❷ phone （　　　　　）

☐❸ develop （　　　　　）　　☐❹ learn （　　　　　）

☐❺ progress （　　　　　）　　☐❻ career （　　　　　）

☐❼ writer （　　　　　）　　☐❽ skill （　　　　　）

☐❾ 知識，理解 ＿＿＿＿＿＿　　☐❿ 記事 ＿＿＿＿＿＿

☐⓫ 必要な ＿＿＿＿＿＿　　☐⓬ …を続ける ＿＿＿＿＿＿

☐⓭ 現れる，姿を現す ＿＿＿＿＿＿　　☐⓮ life の複数形 ＿＿＿＿＿＿

☐⓯ 忠告，助言 ＿＿＿＿＿＿　　☐⓰ know の過去形 ＿＿＿＿＿＿

❶
❾ know「（…を）知っている，わかる」の派生語。
⓫ つづりに注意。
⓭ 反意語の「姿を消す，消滅する」は dis を語の頭につける。

❷ 次の語で最も強く発音する部分の記号を答えなさい。

☐❶ re-la-tion-ship
　　ア　イ　ウ　エ
　　　　　　　　　（　　　）

☐❷ in-tro-duce
　　ア　イ　ウ
　　　　　　　　　（　　　）

☐❸ mis-un-der-stand
　　ア　イ　ウ　エ
　　　　　　　　　（　　　）

☐❹ ef-fec-tive-ly
　　ア　イ　ウ　エ
　　　　　　　　　（　　　）

☐❺ im-prove
　　ア　イ
　　　　　　　　　（　　　）

☐❻ spe-cif-ic
　　ア　イ　ウ
　　　　　　　　　（　　　）

❷
❶「関係，結びつき」という意味。
❷「…を紹介する」という意味。
❸「…を誤解する」という意味。
❺「…を改善する，上達させる」という意味。

❸ （　）内に入れるのに最も適切な語を，⑦～⑤から選んで記号を書きなさい。

☐❶ There is a cat （　　） Emi and Ken.　　（　　　）
　　⑦ about　　① between　　⑦ but　　⑤ there

☐❷ I'm looking forward （　　） seeing you again.　　（　　　）
　　⑦ to　　① at　　⑦ that　　⑤ it

☐❸ I'm attaching the map of my town （　　） this e-mail.
　　⑦ on　　① with　　⑦ to　　⑤ at　　（　　　）

❸
❶「エミとケンの間に」という意味になるようにする。
❷「あなたにまた会うのを楽しみに待っています」という意味の文にする。
❸ attach は「…をつける」という意味。

4 日本語に合う英文になるように， _____ に適切な語を書きなさい。

□ **1** 私は将来，医者になりたいです。

I want to be a doctor _____ _____

_____.

□ **2** 彼は毎日運動しています。

He _____ _____ every day.

□ **3** 私はサッカーをすることが得意です。

I'm _____ playing soccer.

□ **4** ここに1枚の写真があります。

_____ _____ a photo.

□ **5** それによると，たくさんの人々がこの映画を見ています。

_____ it, many people see this movie.

□ **6** 私は日本の歴史に興味があります。

I'm _____ _____ Japanese history.

□ **7** 公園で会いましょう。

_____ meet at the park.

□ **8** 遅れてごめんなさい。

_____ _____ I'm late.

□ **9** 私たちは海で泳ぐのを楽しみに待っています。

We are _____ _____ _____

swimming in the sea.

5 次の _____ に適切な語を下から選んで書きなさい。
ただし，同じ語を2度使うことはできません。

□ **1** I want _____ be a teacher.

□ **2** She knew _____ he was kind.

□ **3** I'm not good _____ playing the piano.

□ **4** How _____ this T-shirt?

□ **5** _____ is important to practice hard.

□ **6** I learned English _____ reading.

□ **7** He talked _____ his friends after school.

it	about	that	with
to	through	at	

[解答 ▶ p.6] **23**

ヒント

4

5「〜によれば」と引用をするときによく使われる表現。

6「〜に興味がある」はbe動詞を使って表すことができる。

7「〜しましょう」と相手を誘う表現。

8 相手に謝罪するときに使われる表現。I'm lateの前にはthatが省略されている。

5 ❌ ミスに注意

1「…したい」という意味の文にする。

2 ここに入る語は省略することができる。

4「…はどうですか」と相手に提案する文。

6「…を通して」という意味の語を入れる。

Unit 3 〜 Stage Activity 1

6 次の文に対する応答として適切なものを，
（　）内を参考に英語で書きなさい。

□ **①** What do you want to be in the future?
（「獣医になりたいです」と答える）

□ **②** What do you think about this movie?
（「それはおもしろいと思います」と答える）

□ **③** Is it difficult to speak Japanese?
（「いいえ」と答える）

□ **④** What do you need to do this afternoon?
（「母の手伝いをする必要があります」と答える）

7 次の英文を日本語にしなさい。

□ **①** I'm very happy to know it.
（　　　　　　　　　　　　　　　）

□ **②** She went to a supermarket to buy some eggs.
（　　　　　　　　　　　　　　　）

□ **③** Ken likes to play basketball.
（　　　　　　　　　　　　　　　）

□ **④** It is difficult to translate this book.
（　　　　　　　　　　　　　　　）

□ **⑤** He has many things to do today.
（　　　　　　　　　　　　　　　）

□ **⑥** I think it is important to think about my future.
（　　　　　　　　　　　　　　　）

□ **⑦** I will learn English because I want to be a pilot.
（　　　　　　　　　　　　　　　）

□ **⑧** Yuki was surprised to read this article.
（　　　　　　　　　　　　　　　）

6
②「…と思う」I think を使う。
③ to 以下が文の主語である It is ... to ～ の疑問文。答え方は，be動詞の疑問文と変わらない。
④ need to ～で「～する必要がある」という意味。need to ～で答える。

7 ❌ミスに注意
①「…して」と感情の原因を表す不定詞を使った文。
②「～するために」という意味の副詞的用法の不定詞を使った文。
④ It は形式上の主語なので訳さない。主語は to 以下。
⑤ to 以下が直前の名詞を修飾する働きをしている。
⑦ will は未来だけでなく，意志や推量の意味もある。

❽ 日本語に合う英文になるように，
（　）内の語（句）を並べかえなさい。

☐❶ ギターを弾くのはおもしろいです。

（ interesting / to / is / play / the guitar / it ）.

_____

☐❷ 私の妹は何冊か本を借りるために図書館に行きました。

（ to / the library / borrow / went / my sister / to / some books ）.

_____

☐❸ ケンはドアを開けようとしました。

（ open / Ken / to / the door / tried ）.

_____

☐❹ この辞書を使う必要があります。

（ is / necessary / use / to / this dictionary / it ）.

_____

☐❺ ミカとタケシの間にテーブルがあります。

（ Takeshi / and / is / between / a table / Mika / there ）.

_____

☐❻ 私は高校でサッカーをするのを楽しみに待っています。

（ looking / soccer / forward / to / playing / I'm / at high school ）.

_____

❾ 次の日本語を英文にしなさい。
ただし，（　）内の指示がある場合，それにしたがうこと。

☐❶ 私は音楽を聞きたくありません。

_____

☐❷ この本を読むのは簡単です。(Itから始めて)

_____

☐❸ 私たちはそれを聞いて悲しいです。

_____

☐❹ 彼女は朝食を作るために早起きしました。

_____

💡ヒント

❽
❷「…するために」という目的を表す部分はtoを使って表す。
❸tryは「(…を)試す，やってみる，努力する」という意味。
❹「…することが必要だ」という意味の文にする。
❺「AとBの間に」はbetween A and Bを使って表すことができる。

Unit 3 ~ Stage Activity 1

❾ ❌ ミスに注意
❶「…したいです」のwant to ...を否定文にする。
❸「…して」という感情の原因を表す不定詞の副詞的用法を使った文にする。
❹「…するために」と目的を表す部分を不定詞を使って表す。

Step 3 予想テスト | Unit 3　My Future Job ～ Stage Activity 1

 30分　　/100点　目標 80点

❶ 日本語に合う英文になるように，＿＿＿に適切な語を書きなさい。知　　　15点（各完答5点）

❶ この記事によると，それは人気です。　＿＿＿＿ ＿＿＿＿ this article, it is popular.

❷ 私は将来，俳優になりたいです。　I want to be an actor ＿＿＿＿ ＿＿＿＿ ＿＿＿＿.

❸ あなたのメールを見逃していてごめんなさい。　＿＿＿＿ ＿＿＿＿ that I missed your e-mail.

❷ 日本語に合う英文になるように，（　）内の語(句)を並べかえなさい。知　　15点（各5点）

❶ 私たちはバレーボールをするために体育館に行きました。
(went / to / we / a gym / volleyball / play / to).

❷ エマはそれを知って驚きました。（ was / to / Emma / know / surprised / it).

❸ 彼らに日本語を教えることは難しいです。
(them / to / difficult / it / teach / is / Japanese).

❸ 次の対話文について（　）に入れるのに，最も適切な文の記号を書きなさい。知
16点（各8点）

❶ *Women:*　Hello. （　　）
Men:　　I'm good. How about you?
㋐ How's everything?　　㋑ Nice to meet you.　　㋒ You look nice.
㋓ What is it?

❷ *Boy:*　I had a good time at your birthday party.
Girl:　（　　）
㋐ I like to listen to music.　　㋑ Will you go swimming tomorrow?
㋒ What is your dream?　　㋓ I'm happy to hear that.

❹ 次の対話文を読んで，あとの問いに答えなさい。表　　　　　　　　　　30点

Meg:　Look. ①Here's an article about our future jobs.
Asami:　What does it say?
Meg:　It says ②(will / the / some jobs / disappear / in / future).
Asami:　Really? How about translators, my dream job?
Meg:　Let's see .... Oh, I'm surprised ③(　　　) see this.

❶ 下線部①を日本語になおしなさい。　　　　　　　　　　　　　　　　　(8点)

❷ 下線部②が「いくつかの仕事は将来なくなるでしょう。」という意味になるように，
（　）内の語(句)を並べかえなさい。　　　　　　　　　　　　　　　(7点)

❸ 下線部③の（　）内にあてはまる適切な語を書きなさい。　　　　　(7点)

❹ 朝美(Asami)の将来の夢は何ですか。日本語で答えなさい。　　　　(8点)

❺ 次のメモは，ケンとエミの今日の午後の予定です。
メモを参考に，２人の予定について説明する英文を書きましょう。表　　24点（各8点）

〈ケンの予定〉	〈エミの予定〉
行き先：図書館	行き先：公園
したいこと：何冊か本を借りる	したいこと：カナとテニスをする

❶ What does Ken want to do at the library?

❷ Where will Emi go this afternoon?

❸ What does Emi want to do this afternoon?

❶
　❶
　❷
　❸

❷
　❶　　　　　　　　　　　　　　　　　　　　　　　　.
　❷
　❸　　　　　　　　　　　　　　　　　　　　　　　　.

❸
　❶　　❷

❹
　❶
　❷ It says　　　　　　　　　　　　　　　　　　.
　❸
　❹

❺
　❶
　❷
　❸

Step 1 　**基本チェック**　・　Let's Read 1
History of Clocks

⏱ 5分

■ 赤シートを使って答えよう！

❶ […(の)ときに]

☐**❶** 私は6歳のときに，テニスを練習しました。
[When] I was six years old, I practiced tennis.

❷ […するために]

☐**❶** 彼女はクッキーを作るために卵を買いました。
She bought some eggs [to] [make] cookies.

❸ [(人)に(もの)を…する]

☐**❶** 彼は私にこの辞書をくれました。
He [gave] [me] this dictionary.

❹ […すること]

☐**❶** 私はピアノを弾くのが好きです。
I like [to] [play] the piano.

解答欄

❶ _____

❶ _____

❶ _____

❶ _____

POINT

❶ […(の)ときに]
whenは「…(の)ときに」という意味を表す。

・ <u>When</u> we need to see the time, we look at clocks or watches.
「…(の)ときに」「時刻を見る必要がある」[私たちは時刻を見る必要があるときに，置き時計や腕時計を見ます。]

❷ […するために]
〈to＋動詞の原形〉で「…するために」という意味を表す。

・Ancient people <u>used</u> nature <u>to read</u> the time. ［古代の人々は時間を読むために自然を使いました。］
動詞を修飾する副詞の働きをしている

❸ [(人)に(もの)を…する]
〈tell, show, giveなど＋(人)＋(もの)〉で「(人)に(もの)を…する」という意味を表す。

・The shadows told them the time. ［影は彼らに時刻を伝えました。］

❹ […すること]
〈to＋動詞の原形〉で「…すること」「…であること」という名詞の働きをする。

・Eventually, people <u>began</u> <u>to carry</u> watches. ［結局は，人々は腕時計を持ち運び始めました。］
動詞の目的語となっている

28

Step 2 予想問題 : **Let's Read 1**
History of Clocks

30分
(1ページ10分)

❶ ❶〜❺は単語の意味を，❻〜❿は日本語を英語になおしなさい。 💡**ヒント**

☐❶ wisdom （　　　） ☐❷ however （　　　）

☐❸ everywhere（　　　） ☐❹ tiny （　　　）

☐❺ eventually （　　　） ☐❻ 重い ＿＿＿＿＿

☐❼ 地面，土地 ＿＿＿＿＿ ☐❽ 努力 ＿＿＿＿＿

☐❾ 軽い ＿＿＿＿＿ ☐❿ …を動かす ＿＿＿＿＿

❶
❷接続詞butと同じような意味で使われる。
❹発音に注意。

❷ 次の各組の下線部の発音が同じなら〇，
異なれば×を書きなさい。

☐❶ res<u>u</u>lt （　　　） ☐❷ f<u>i</u>rst （　　　）
　 s<u>u</u>n 　　　　　　　 f<u>i</u>re

☐❸ <u>a</u>ncient （　　　） ☐❹ be<u>g</u>in （　　　）
　 <u>a</u>nimal 　　　　　　 example

❸ （　）内に入れるのに最も適切な語を，
㋐〜㋓から選んで記号を書きなさい。

☐❶ Many children like it （　　） now. （　　　）
　 ㋐ on 　㋑ when 　㋒ even 　㋓ then

☐❷ This food is popular in this country, （　　）, I don't like it.
　 ㋐ moreover 　㋑ and 　㋒ so 　㋓ however （　　　）

☐❸ I can （　　） open this box. （　　　）
　 ㋐ originally 　㋑ globally 　㋒ easily 　㋓ friendly

☐❹ About 5 years （　　）, she was a singer. （　　　）
　 ㋐ ago 　㋑ old 　㋒ age 　㋓ before

☐❺ It's easy for my father （　　） use this computer. （　　　）
　 ㋐ at 　㋑ to 　㋒ on 　㋓ about

☐❻ Time （　　） was very important. （　　　）
　 ㋐ kept 　㋑ keeps 　㋒ keep 　㋓ keeping

☐❼ He gave her flowers （　　） saying a word. （　　　）
　 ㋐ in 　㋑ without 　㋒ to 　㋓ about

❸
❶「今でさえ」という意味になるようにする。
❷「しかしながら，けれども」という逆説の意味をもつ語を入れる。
❸「簡単に」という意味が適切。
❹「〇年前」というときの表現。似たような意味の語に注意。
❻「時間の計測」という意味になるような語を選ぶ。

Let's Read 1

ヒント

❹ 日本語に合う英文になるように，_____ に適切な語を書きなさい。

□**❶** 夜には，私たちはたくさんの星を見ました。

We saw many stars _____ _____.

□**❷** 起きる時間です。

It's _____ _____ get up.

□**❸** ずっと前に彼はその化石を見つけました。

He found the fossil _____ _____.

□**❹** 例えば，すしは日本食です。

_____ _____, sushi is Japanese food.

□**❺** 私の同級生のうち何人かは遅刻しました。

_____ _____ my classmates were late.

□**❻** これはあなたの努力の結果です。

This is the _____ _____ your effort.

□**❼** 彼女は少しずつこちらに来ました。

She came here little _____ _____.

❷「…すべき時間です」という意味になるようにする。

❹例をあげるときに使われる表現。

❺ 次の_____ に適切な語を下から選んで書きなさい。

ただし，同じ語を2度使うことはできません。

❺ ❌ **ミスに注意**

□**❶** There are many languages _____ the world.

□**❷** I wasn't interested in it _____ first.

□**❸** Some _____ the flowers are blue.

□**❹** She began _____ play the piano.

| of | to | in | at |

❷「最初は，はじめのうちは」という意味になるようにする。

❹ began は begin の過去形。「…し始めた」→「…することを始めた」と考える。

❻ 次の英文を日本語にしなさい。

❻

□**❶** My mother came home when I was watching TV.

(   )

□**❷** I started to study English at elementary school.

(   )

□**❸** He gave me some interesting books.

(   )

□**❹** Akira tried to climb the mountain.

(   )

❶was watching は過去進行形。

❸give の後ろに(人)と(もの)の2つの目的語がある。

❹tried は try の過去形。

7 日本語に合う英文になるように，
　（　）内の語(句)を並べかえなさい。

☐ **1** たくさん本を読むのはよいことです。
　（ to / good / is / many books / read / it ）.

　　_____ .

☐ **2** 私は宿題をするためにこの辞書を使いました。
　（ this dictionary / used / do / I / my homework / to ）.

　　_____ .

☐ **3** 彼は晴れていたときに買い物に行きました。
　（ when / sunny / was / went shopping / he / it ）.

　　_____ .

☐ **4** 私は妹に帽子を買いました。
　（ bought / hat / a / my sister / I ）.

　　_____ .

☐ **5** いつ人々は言葉を話し始めましたか。
　（ did / people / speak / when / start / languages / to ）?

　　_____ ?

☐ **6** あなたはお父さんに何をあげるつもりですか。
　（ will / your father / you / what / give ）?

　　_____ ?

☐ **7** 店を開く時間です。
　（ open / time / the shop / to / it's ）.

　　_____ .

8 次の日本語を英文にしなさい。
　　ただし，（　）内の指示がある場合，それにしたがうこと。

☐ **1** 私は彼女にこの写真を見せるつもりです。（willを使って）

　　_____

☐ **2** 彼は10歳のとき，イタリアを訪れました。

　　_____

☐ **3** 私はバドミントンをするために体育館に行きました。

　　_____

☐ **4** 外国の文化を知ることはおもしろいです。（Itから始めて）

　　_____

7
1 it があるので「〜するのは…だ」を It から始まる文で作る。
2「…するために」と動作の目的を表す不定詞を使った文にする。

4 buy は目的語を 2 つとることができる。

5「…し始める」は「…することを始める」と考える。

Let's Read 1

8
1「…を見せる」はshowを使う。
2「…(の)ときに」はwhenを使った文にする。
3「…するために」は動作の目的を表す不定詞を使う。
4「〜することは…です」という文を It から始めて作る。

Step 1 基本チェック

Unit 4　Homestay in the United States
～ Grammar for Communication 4

10分

■ 赤シートを使って答えよう！

❶ […しなければならない①]

解答欄

□❶ 私は今，熱心に勉強しなければなりません。

I [have] [to] study hard now.

❶ ＿＿＿＿＿

□❷ エミはピアノを弾かなければなりません。

Emi [has] [to] play the piano.

❷ ＿＿＿＿＿

□❸ 私は今宿題をしなくてもよいです。

I [don't] [have] to do my homework now.

❸ ＿＿＿＿＿

□❹ 彼女は今，お母さんを手伝わなくてもよいです。

She [doesn't] [have] to help her mother now.

❹ ＿＿＿＿＿

❷ […しなければならない②]

□❶ あなたは朝食を作らなければなりません。

You [must] make breakfast.

❶ ＿＿＿＿＿

□❷ ここで食べてはいけません。

You [must] [not] eat here.

❷ ＿＿＿＿＿

POINT

❶ […しなければならない①]

〈have to＋動詞の原形〉で「…しなければならない」という必要性や義務の意味を表す。

・You have to speak English.　[あなたは英語を話さなければなりません。]
　└ 主語が三人称単数のときはhas toになる

〈do[does] not have to＋動詞の原形〉で「…しなくてよい」という不必要の意味を表す。

・You do not have to speak perfect English.　[あなたは完璧な英語を話さなくてもよいです。]

❷ […しなければならない②]

〈must＋動詞の原形〉は「…しなければならない」という義務や命令の意味を表す。

・You must come home early.　[あなたは早く帰って来なければなりません。]
　└ 動詞の原形

〈must not＋動詞の原形〉で「…してはならない」という禁止の意味を表す。

・You must not go out alone.　[あなたはひとりで外に出てはいけません。]
　└ 短縮形はmustn't

❸ [⋯すること]

☐**❶** 私たちは彼女と話して楽しみました。

We enjoyed [talking] with her.

☐**❷** テニスをすることはとても楽しいです。

[Playing] tennis is a lot of fun.

❹ [助動詞]

☐**❶** 彼女は上手に歌を歌うことができます。

She [can] sing a song well.

☐**❷** 私は明日図書館に行くつもりです。

I [will] go to the library tomorrow.

☐**❸** この自転車を使ってもよいですか。

[May] I use this bicycle?

解答欄

❶

❷

❶

❷

❸

POINT

❸ [⋯すること]

動詞にingがついた形は，進行形で使うほかにも「⋯すること」という意味で，名詞の働きをし，主語や目的語になる。この動詞にingがついた形を動名詞という。

・I finished <u>using the bathroom</u>. ［私は浴室を使い終わりました。］

　　　　　　└ 目的語「浴室を使うことを」

・<u>Playing</u> games was fun. ［ゲームをするのは楽しかったです。］

　└ 主語「ゲームをすることは」

❹ [助動詞]

willやcanなどは助動詞と呼ばれ，その後ろに続く動詞（原形）に意味を加える役割をする。

助動詞	働き	意味
can	能力・可能	⋯することができる
	許可	⋯してもよい
will	意志・予測	⋯するつもりだ，⋯だろう
may	推量	⋯かもしれない
	許可	⋯してもよい
must	義務	⋯しなければならない

Step 2 予想問題 ● Unit 4 Homestay in the United States ～ Grammar for Communication 4

40分
(1ページ10分)

❶ ❶～❼は単語の意味を，❽～⓮は日本語を英語になおしなさい。 💡**ヒント**

☐❶ alone （　　　　　　）　☐❷ hobby （　　　　　　）

☐❸ hurt （　　　　　　）　☐❹ perfect （　　　　　　）

☐❺ follow （　　　　　　）　☐❻ finish （　　　　　　）

☐❼ carefully （　　　　　　）　☐❽ 規則，ルール ＿＿＿＿＿

☐❾ …を節約する ＿＿＿＿＿　☐❿ (浅い)取り皿 ＿＿＿＿＿

☐⓫ 夫婦 ＿＿＿＿＿　☐⓬ 一員，メンバー ＿＿＿＿＿

☐⓭ 若い，幼い ＿＿＿＿＿　☐⓮ 退屈した ＿＿＿＿＿

❶
❸ heart「心臓，ハート」との発音のちがいに注意。
❼ careful は形容詞。
❿ 深い皿は dish を使う。

❷ 次の語で最も強く発音する部分の記号を答えなさい。

☐❶ es-pe-cial-ly
　　ア　イ　ウ　エ
　　　　　　（　　　　）

☐❷ com-mu-ni-cate
　　ア　イ　ウ　エ
　　　　　　（　　　　）

☐❸ el-der-ly
　　ア　イ　ウ
　　　　　　（　　　　）

☐❹ bath-room
　　ア　イ
　　　　　　（　　　　）

❷
❶「特に，とりわけ」という意味。
❷「連絡する，意思の疎通をする」という意味。
❸「年配の」という意味。
❹ bath は「入浴」という意味で，bathroom は「浴室」という意味。

❸ （　）内に入れるのに最も適切な語を，
㋐～㋓から選んで記号を書きなさい。

☐❶ I keep （　　） to play the piano. 　　（　　　　）
　　㋐ try 　㋑ tried 　㋒ trying 　㋓ tries

☐❷ （　　） don't we go to the museum? 　　（　　　　）
　　㋐ How 　㋑ Why 　㋒ What 　㋓ If

☐❸ （　　） my stay in London, I had a good time. 　（　　　　）
　　㋐ On 　㋑ During 　㋒ At 　㋓ When

☐❹ My brother finished （　　） dishes. 　　（　　　　）
　　㋐ washed 　㋑ wash 　㋒ washing 　㋓ washes

☐❺ （　　） I ask you a question? 　　（　　　　）
　　㋐ May 　㋑ Who 　㋒ Which 　㋓ Will

❸ ❌**ミスに注意**
❷「…しませんか」と相手を誘う表現。
❸ my stay と名詞が続いていることに注意する。
❹「…することを終える」という意味になるようにする。
❺「…してもよいですか」と相手に許可を求める表現。

❹ 日本語に合う英文になるように，＿＿に適切な語を書きなさい。

□❶ 彼女は私の友だちの一人です。

She is ＿＿＿＿＿＿ ＿＿＿＿＿＿ my friends.

□❷ 電車が遅れるかもしれません。

The train ＿＿＿＿＿＿ ＿＿＿＿＿＿ late.

□❸ 私の妹はそのとき外出していました。

My sister was ＿＿＿＿＿＿ ＿＿＿＿＿＿ then.

□❹ 私たちはたがいを理解するために話をしました。

We talked to understand ＿＿＿＿＿＿ ＿＿＿＿＿＿.

□❺ 彼はあなたに会うのを楽しみに待ちました。

He looked ＿＿＿＿＿＿ ＿＿＿＿＿＿ meeting you.

□❻ 結局，ケンはここに来ませんでした。

＿＿＿＿＿＿ ＿＿＿＿＿＿, Ken didn't come here.

□❼ この部屋で写真を撮ってはいけません。

You ＿＿＿＿＿＿ ＿＿＿＿＿＿ take a picture in this room.

□❽ 私は料理部の一員です。

I'm a ＿＿＿＿＿＿ ＿＿＿＿＿＿ the cooking club.

□❾ カナも私も両方とも15歳です。

＿＿＿＿＿＿ Kana and I are fifteen years old.

□❿ メグは車を洗わなくてよいです。

Meg ＿＿＿＿＿＿ ＿＿＿＿＿＿ ＿＿＿＿＿＿ wash the car.

❺ 次の文を（ ）内の指示にしたがって書きかえるとき，
＿＿に適切な語を書きなさい。

□❶ I like to play baseball. （ほぼ同じ内容の文に）

I like ＿＿＿＿＿＿ baseball.

□❷ You must open the door. （否定文に）

You ＿＿＿＿＿＿ open the door.

□❸ I have to do my homework. （ほぼ同じ内容の文に）

I ＿＿＿＿＿＿ do my homework.

□❹ To speak English is interesting for me. （ほぼ同じ内容の文に）

＿＿＿＿＿＿ English is interesting for me.

❹
❷「…かもしれない」という推量の意味を表す助動詞を使う。
❸「…しているところだった」と過去進行形にする。
❼「…してはいけない」という禁止の意味を助動詞を使って表す。
❿ 必要性がないことを示すので否定文にする。

Unit 4 ～ Grammar for Communication 4

❺
❶〈to＋動詞の原形〉で「…すること」という意味を表している。
❸ have to は「…しなければならない」という必要性や義務を表す。
❹「…すること」という名詞の働きをする1語を入れる。

ヒント

❻ 次の文に対する応答として適切なものを，
（　）内を参考に英語で書きなさい。

☐ **❶** Do I have to wash my clothes?
（「いいえ，しなくてよいです」と答える）

☐ **❷** What do you have to do every day?
（「朝食をつくらなければなりません」と答える）

☐ **❸** Will he visit the U.S. next week?
（「はい，そうでしょう」と答える）

❻
❶ have to の疑問文は do[does] を文のはじめに置く。答えるときは do[does] を使って答える。
❷ have to を使った疑問文でたずねられているので，have to を使った文で答える。

❼ 次の英文を日本語にしなさい。

☐ **❶** I have nothing to do today.
（　　　　　　　　　　　　　　　　　　　　）

☐ **❷** Isn't it interesting to play a video game?
（　　　　　　　　　　　　　　　　　　　　）

☐ **❸** Using this camera is difficult.
（　　　　　　　　　　　　　　　　　　　　）

☐ **❹** She enjoyed swimming in the sea.
（　　　　　　　　　　　　　　　　　　　　）

☐ **❺** I'm looking forward to reading a new comic book.
（　　　　　　　　　　　　　　　　　　　　）

☐ **❻** My father may not like cheese.
（　　　　　　　　　　　　　　　　　　　　）

☐ **❼** Thank you for a wonderful present.
（　　　　　　　　　　　　　　　　　　　　）

☐ **❽** Why don't we go to school?
（　　　　　　　　　　　　　　　　　　　　）

☐ **❾** Stop singing, please.
（　　　　　　　　　　　　　　　　　　　　）

☐ **❿** May I open the door?
（　　　　　　　　　　　　　　　　　　　　）

❼ **✕｜ミスに注意**
❷ Isn't it …? は「…ではないのですか」と相手に確認するときによく使われる表現。
❸ Using this camera が主語。
❻ may は「…かもしれない」と推量の意味を表す。

❼ Thank you for … は相手にお礼を言うときに使われる表現。

❽ 日本語に合う英文になるように，
（　）内の語(句)を並べかえなさい。

☐❶ 私は昨日，その本を読み終えました。
（ reading / I / the book / finished ）yesterday.

_____ yesterday.

☐❷ 彼はギターを弾くことが得意です。
（ he / playing / at / is / the guitar / good ）.

_____

☐❸ ユキは早く起きなくてよいです。
（ early / does / to / Yuki / get up / have / not ）.

_____

☐❹ 生徒たちはこの部屋を使ってはいけません。
（ not / the students / use / room / must / this ）.

_____

☐❺ あなたと一緒に働くことはよい経験です。
（ is / you / good / experience / with / working / a ）.

_____

☐❻ 私は外国の人々とコミュニケーションをとり続けたいです。
（ with / want / foreign people / keep / to / communicating / I ）.

_____

❾ 次の日本語を英文にしなさい。
ただし，（　）内の指示がある場合，それにしたがうこと。

☐❶ あなたは静かにしなくてもよいです。(have toを使って)

_____

☐❷ 音楽を聞くことは私の趣味です。(動名詞を使って)

_____

☐❸ 私は彼女と話すのを楽しみました。

_____

☐❹ あなたはここで走ってはいけません。(mustを使って)

_____

[解答 ▶ p.9]　**37**

♀ヒント

❽
❶「…することを終えた」という意味になるようにする。
❸「…しなくてよい」という否定文にする。
❹「…してはいけない」という禁止は，mustの否定文で表す。

❻「…することを続ける」という意味の文になるようにする。「…し続ける」はkeep …ingで表すことができる。

Unit 4 ~ Grammar for Communication 4

❾ ❌ ミスに注意
❶「…しなくてもよい」というhave toの否定文にする。
❷「音楽を聞くこと」を，動名詞を使って表す。
❹ mustの否定文はnotの位置に注意する。

Step 3 予想テスト | **Unit 4　Homestay in the United States ~ Grammar for Communication 4** 30分 | /100点 目標80点

❶ 日本語に合う英文になるように，＿＿に適切な語を書きなさい。知　15点（各完答5点）

❶ 結局，エミは宿題をやりませんでした。　＿＿＿ ＿＿＿, Emi didn't do her homework.

❷ 私は昨日，外出しました。　I ＿＿＿ ＿＿＿ yesterday.

❸ これらの本のうち一冊は私のものです。　＿＿＿ ＿＿＿ these books is mine.

❷ 日本語に合う英文になるように，（　）内の語を並べかえなさい。知　15点（各5点）

❶ 私たちは野球をして楽しむつもりです。（ we / enjoy / baseball / will / playing ）.

❷ あなたは英語を話さなくてよいです。（ speak / to / English / do / have / not / you ）.

❸ 彼は昼食を作らなければなりません。（ lunch / he / make / must ）.

❸ 次の対話文について（　）に入れるのに，最も適切な文の記号を書きなさい。知
16点（各8点）

❶ *Boy:*　We can use the gym.（　　）

　Girl:　It's nice. I want to play it.

　㋐ What are you doing?　　㋑ Why don't we play basketball?

　㋒ How about swimming?　　㋓ What will you play?

❷ *Woman:*　May I use your pencil?

　Man:　　（　　）

　㋐ Sure.　　㋑ Yes, I will.　　㋒ No, you don't have to.　　㋓ My pleasure.

❹ 次の対話文を読んで，あとの問いに答えなさい。表　30点

> *Kaito:*　　　　Are there any ①house rules?
> *Mrs. Wilson:*　Yes. You must come home by six.
> *Kaito:*　　　　Six o'clock? ②Isn't that a little early?
> *Mrs. Wilson:*　Well, we have dinner at six.
> *Kaito:*　　　　I see.
> *Mrs. Wilson:*　And if you have a special plan later in the evening,
> 　　　　　　　③(must / you / out / go / not / alone).

❶ 下線部①の "house rules" はどんなルールでしたか。最初の１つを日本語で答えなさい。（8点）

❷ 下線部②を日本語に直しなさい。 (7点)

❸ 下線部③が「一人で外出してはならない」という意味になるように,
（ ）内の語を並べかえなさい。 (7点)

❹ ウィルソンさんは6時に何をすると言っていますか。日本語で答えなさい。 (8点)

❺ 次のメモは，あなたが今日しなければならないことです。メモを参考に，
あなたの予定をたずねる質問に答える英文を書きましょう。表 24点（各8点）

〈今日の予定〉
朝　　　8：00：朝食を作る
夕方　　6：00：英語を勉強する
夜　　　7：00：ピアノの練習をする

❶ What do you have to do in the morning?

❷ What do you have to do at 6:00?

❸ What do you have to do at night?

❶	❶		
	❷		
	❸		
❷	❶		.
	❷		.
	❸		.
❸	❶	❷	
❹	❶		
	❷		
	❸		.
	❹		
❺	❶		
	❷		
	❸		

Step 1 基本チェック Unit 5 Universal Design ～ Let's Talk 3

10分

■ 赤シートを使って答えよう！

❶ [疑問詞＋to＋動詞の原形]

解答欄

☐ ❶ 私はギターの弾き方を知りません。

I don't know [how] [to] play the guitar.

❶ _____

☐ ❷ 彼女は今何をすべきかわかっています。

She knows [what] [to] do now.

❷ _____

☐ ❸ 私たちはどこへ行けばよいのかわかりません。

We don't know [where] [to] go.

❸ _____

❷ [(人)に(どのように…するか)を～する]

☐ ❶ 私はあなたにどのようにそれを使うか見せます。

I'll [show] you [how] to use it.

❶ _____

☐ ❷ 彼は私に何をすべきか伝えました。

He [told] me [what] to do.

❷ _____

POINT

❶ [疑問詞＋to＋動詞の原形]

〈how＋to＋動詞の原形〉は「どのように…するか」，〈what＋to＋動詞の原形〉は「何を…すべきか」という意味を表す。

・I know <u>how to use</u> these products.　[私はこれらの製品の使い方を知っています。]
　　　　└ 動詞knowの目的語になっている

how＋to＋動詞の原形	「どのように…するか，…の仕方」
what＋to＋動詞の原形	「何を…するか，何を…すべきか」
when＋to＋動詞の原形	「いつ…したらよいか，いつ…すべきか」
where＋to＋動詞の原形	「どこで[へ]…したらよいか，どこで[へ]…すべきか」
which ...＋to＋動詞の原形	「どちらの…を～したらよいか，どちらの…を～すべきか」

❷ [(人)に(どのように…するか)を～する]

〈主語＋動詞＋(人)＋疑問詞＋to＋動詞の原形〉で「(人)に(どのように…するか)を～する」という意味を表す。

・I can <u>show</u> <u>you</u> <u>how to use</u> these products.
　主語　動詞　人　　　　　　　[私はこれらの製品の使い方をあなたに見せることができます。]

❸ ［主語＋be動詞＋形容詞＋that］

□❶ 私はきっと彼が試合に勝つだろうと確信しています。

I'm [sure] [that] he will win the game.

❶

□❷ 私は今あなたが幸せでうれしいです。

I'm [glad] [that] you are happy now.

❷

□❸ 私はあなたがそれを知らなかったことに驚きました。

I was [surprised] [that] you didn't know it.

❸

□❹ 彼は遅れたことを申し訳なく思った。

He was [sorry] [that] he was late.

❹

❹ ［道案内］

□❶ 駅への行き方を私に教えてくださいませんか。

Could you tell me [how] [to] get to the station?

❶

□❷ ミドリ線に乗ってください。

You should [take] the Midori Line.

❷

POINT

❸ ［主語＋be動詞＋形容詞＋that］

〈主語＋be動詞＋形容詞＋that〉の語順で，感情や心理を表す形容詞であるsureやgladを入れると，「きっと…だ」や「…してうれしい」という意味になる。

・I am sure that these ideas help many people.
　　　　「きっと…だ」　　　　　　　[私はこれらの考えが，多くの人々を助けると確信しています。]

ほかにもbe sorry that「…して申し訳なく思う，残念に思う」，be surprised that「…して驚く」などがある。

・He is sorry that he can't go out with you.　[彼はあなたと外出できなくて残念に思っています。]
　　　　「残念に思う」

❹ ［道案内］

how to get to ... で「…への行き方」という道をたずねるときに使われる表現になる。tellは〈tell＋(人)＋(もの)〉で「(人)に(もの)を教える」という意味になる。「…線に乗ってください」と言いたいときには，動詞はtakeを使う。

・Could you tell me how to get to Raffles Place Station?
　　　　　動詞　　「…への行き方」　[ラッフルズ・プレイス駅への行き方を教えてくださいませんか。]
　　「…してくださいませんか」と相手にていねいにお願いする表現

・Take the East West Line. [東西線に乗ってください。]

Unit 5　Universal Design ～ Let's Talk 3

40分
(1ページ10分)

❶ ❶～❹は単語の意味を，❺～❿は日本語を英語になおしなさい。

ヒント

☐❶ common（　　　）　　☐❷ remove（　　　）

☐❸ feature（　　　）　　☐❹ childhood（　　　）

☐❺ 社会 _____　　☐❻ 製品 _____

☐❼ 東，東部 _____　　☐❽ 職員，従業員 _____

☐❾ 教授 _____　　☐❿ …を創立する _____

❶
❸発音に注意。
❼westは「西，西部」という意味。
❽日本語でも使われる。

❷ 次の各組の下線部の発音が同じなら〇，
異なれば×を書きなさい。

☐❶ pl<u>ea</u>se（　　）　　☐❷ sh<u>a</u>pe（　　）
　 h<u>ea</u>vy　　　　　　　 pl<u>a</u>ce

☐❸ l<u>u</u>ggage（　　）　　☐❹ spr<u>ea</u>d（　　）
　 b<u>u</u>mp　　　　　　　 f<u>ea</u>ture

☐❺ h<u>o</u>ld（　　）　　☐❻ f<u>i</u>nger（　　）
　 c<u>o</u>lor　　　　　　　 ch<u>i</u>ld

❷
❷shapeは「形」という意味。
❸luggageは「手荷物」，bumpは「でこぼこ」という意味。

❸ （　）内に入れるのに最も適切な語を，
㋐～㋓から選んで記号を書きなさい。

☐❶ He looked（　　）his cap.　　（　　）
　 ㋐ to　　㋑ from　　㋒ for　　㋓ with

☐❷ I think（　　）it is difficult to speak many languages.
　 ㋐ that　　㋑ when　　㋒ this　　㋓ how　（　　）

☐❸ Thanks（　　）your help, I could find my dog.（　　）
　 ㋐ to　　㋑ at　　㋒ for　　㋓ with

☐❹（　　）you tell me your name?　　（　　）
　 ㋐ May　　㋑ Could　　㋒ Must　　㋓ Should

☐❺ I'm glad（　　）you're interested in my favorite movie.
　 ㋐ this　　㋑ it　　㋒ these　　㋓ that　（　　）

☐❻ Please tell me（　　）train to take.　　（　　）
　 ㋐ which　　㋑ how　　㋒ who　　㋓ what

❸
❶「…をさがす」という意味にする。
❹「…してくださいませんか」と相手にていねいにお願いするときの表現。
❺「あなたが私のお気に入りの映画に興味をもってくれてうれしい」という意味の文にする。
❻「どの電車に乗ればよいか」という意味になる1語を選ぶ。

💡ヒント

❹ 日本語に合う英文になるように，＿＿＿に適切な語を書きなさい。

☐❶ 私は何を持っていくべきか知っています。

I know ＿＿＿＿＿＿＿＿ ＿＿＿＿＿＿＿＿ bring.

☐❷ 私のお母さんは私にいつ家に帰るべきか伝えました。

My mother told me ＿＿＿＿＿＿＿＿ ＿＿＿＿＿＿＿＿ come home.

☐❸ こちらは晴れています。

It is sunny ＿＿＿＿＿＿＿＿ ＿＿＿＿＿＿＿＿.

☐❹ ここからどのくらい時間がかかりますか。

How long ＿＿＿＿＿＿＿＿ it ＿＿＿＿＿＿＿＿ from here?

☐❺ 私はきっと彼が来るだろうと確信しています。

I'm ＿＿＿＿＿＿＿＿＿＿ he will come.

☐❻ 美術館への行き方を教えてもらえますか。

Will you tell me how to ＿＿＿＿＿＿＿＿ ＿＿＿＿＿＿＿＿ the museum?

❺ 次の＿＿＿に適切な語を下から選んで書きなさい。
ただし，同じ語を２度使うことはできません。

☐❶ ＿＿＿＿＿＿＿＿ the 1990s, this song was very popular.

☐❷ There is a dog ＿＿＿＿＿＿＿＿ the tree.

☐❸ I started ＿＿＿＿＿＿＿＿ study English every day.

☐❹ He made some cookies ＿＿＿＿＿＿＿＿ his sister.

by	in	to	for

❻ 次の文を（　）内の指示にしたがって書きかえるとき，
＿＿＿に適切な語を書きなさい。

☐❶ I'm glad because you could win the game.

（ほぼ同じ内容の文に）

I'm glad ＿＿＿＿＿＿＿＿ you could win the game.

☐❷ We will meet at the bridge. （下線部をたずねる文に）

Could you tell me ＿＿＿＿＿＿＿＿ to meet?

☐❸ I don't know the way to get a soccer ticket.

（ほぼ同じ内容の文に）

I don't know ＿＿＿＿＿＿＿＿ to get a soccer ticket.

❹
❶「何を…すべきか」は〈疑問詞＋to〉で表すことができる。
❸「こちらは」という意味の２語を入れる。over thereは「あちらでは，向こうでは」という意味。
❻「美術館への行き方」→「どのように美術館へ行くか」と考える。

❺ ✗ ミスに注意
❶the 1990sで「1990年代」というときの表現。
❷「…のそばに」を表す前置詞。
❸「…することを始めた」という意味にする。

❻
❷会う場所をたずねればよいので，「どこで会うのかを教えてください」という意味になるようにする。

Unit 5 ～ Let's Talk 3

❼ 次の文に対する応答として適切なものを，
（ ）内を参考に英語で書きなさい。

☐ **❶** Are you sure that you will win the contest?
（「いいえ，そうではありません」と答える）

_____

☐ **❷** How long does it take to get to the City Hall?
（「だいたい20分くらいかかります」と答える）

_____

☐ **❸** Are you glad that you could get a new bicycle?
（「はい，そうです」と答える）

_____

❽ 次の英文を日本語にしなさい。

☐ **❶** I don't know how to use this computer.
( )

☐ **❷** Could you tell me how to get to the library?
( )

☐ **❸** My father was surprised that the street was too crowded.
( )

☐ **❹** In the 1880s, many people used the product.
( )

☐ **❺** I was glad that my classmates gave me some flowers.
( )

☐ **❻** She will tell you where to buy a textbook.
( )

☐ **❼** I'm sure that he'll be a good teacher.
( )

☐ **❽** I want to learn how to translate these sentences.
( )

☐ **❾** It will take about ten minutes from here.
( )

☐ **❿** Please show us which map to use.
( )

❼
❶❸ be動詞の疑問文にはbe動詞を使って答える。
❷「時間がかかる」を表す動詞はtakeを使う。

❽
❷ Could you …? は相手にていねいに依頼する表現。
❸ be surprisedで「驚いている」という意味。

❹ 年号にsをつけると「…年代」という意味になる。

❻〈主語＋動詞＋（人）＋疑問詞＋to＋動詞の原形〉で「（人）に（どのように…するか）を〜する」という意味。

❾ 日本語に合う英文になるように，（ ）内の語（句）を並べかえなさい。

□ ❶ 彼はきっとこの発明品がすばらしいと確信しています。
(is / this invention / sure / he / wonderful / that / is).
_____ .

□ ❷ 私はあなたにギターの弾き方を教えるつもりです。
(you / teach / to / will / how / the guitar / I / play).
_____ .

□ ❸ あなたは市立病院への行き方を知っていますか。
(to / the City Hospital / do / to / get / know / how / you)?
_____ ?

□ ❹ 私に何をすべきか教えてください。
(what / me / do / to / tell).
_____ .

□ ❺ あなたはいつ家を出発するべきか知っていますか。
(know / your house / to / leave / you / do / when)?
_____ ?

□ ❻ 彼女は私にキノコが見つかる場所を教えてくれました。
(where / told / mushrooms / to / she / find / me).
_____ .

❿ 次の日本語を英文にしなさい。ただし，（ ）内の指示にしたがうこと。

□ ❶ 私はあなたにその車いすの使い方を見せることができます。（9語で）

□ ❷ 彼女はきっとその映画がおもしろいと確信しています。（8語で）

□ ❸ あなたはそのゲームの遊び方を知っていますか。（8語で）

□ ❹ 彼は私にその劇を見る場所を教えました。（8語で）

□ ❺ バス停への行き方を教えてくださいませんか。(couldを使って，11語で)

ヒント

❾
❸「市立病院への行き方」をhow toを使って表す。
❺「いつ…するべきか」は〈疑問詞＋to＋動詞の原形〉を使う。

❻〈tell＋（人）＋（もの）〉の文構造で，「（人）に（もの）を教える」という意味になる。「キノコが見つかる場所」は「どこでキノコを見つけるべきか」と考える。

❿ ❌ ミスに注意
❶「見せる」はshowを使う。
❷「きっと…だ」という確信はbe sureで表すことができる。
❸「遊び方」は「どのように遊ぶか」と考える。
❺「バス停」はbus stopと表す。「…してくださいませんか」とていねいにお願いする表現はcouldを使って表す。

Unit 5 ～ Let's Talk 3

Step 3 予想テスト : **Unit 5　Universal Design ～ Let's Talk 3** 🕐 30分 ／100点 目標 80点

❶ 日本語に合う英文になるように，＿＿＿に適切な語を書きなさい。🈡　10点（各完答5点）

❶ こちらに来てください。Come ＿＿＿＿ ＿＿＿＿.

❷ 東西線に乗ってください。You should ＿＿＿＿ the East West Line.

❷ 日本語に合う英文になるように，（　）内の語(句)を並べかえなさい。🈡　15点（各5点）

❶ どこで会うのか私に教えてください。（ me / to / tell / meet / where), please.

❷ あなたはこの料理の作り方を知っていますか。
(this dish / to / know / do / make / how / you)?

❸ 私はあなたに助言をもらえてうれしいです。
(I / glad / I'm / your advice / that / got).

❸ 次の対話文について（　）に入れるのに，最も適切な文の記号を書きなさい。🈡
16点（各8点）

❶ *Man:*　　（　　）
Woman:　It's about five minutes from here.
㋐ What time is it?　　㋑ You can take it.
㋒ How long does it take?　　㋓ Where is the library?

❷ *Girl:*　When did people start to use it?
Boy:　（　　）
㋐ I'm looking for it.　　㋑ It takes 10 minutes.
㋒ At twelve o'clock now.　　㋓ In the 1950s.

❹ 次の対話文を読んで，あとの問いに答えなさい。🈢　23点

Staff:　Look carefully. Do you see the bumps?
Meg:　Yes.
Staff:　①Thanks to the bumps, we can open it easily. It also
has braille for blind people.
②This jar has some very helpful features.
Meg:　That's interesting.
Staff:　I can also tell you ③(find / to / facilities / where /
universal design) in our city.

❶ 下線部①を日本語に直しなさい。 (8点)

❷ 下線部②の「このビン」には目が見えない人のために何がありますか。日本語で答えなさい。 (7点)

❸ 下線部③が「ユニバーサルデザインの設備を見つけることができる場所」という意味になるように，（　）内の語(句)を並べかえなさい。 (8点)

❺ 次のメモは，あなたが知りたいことのリストです。メモを参考に❶～❹を，
〈疑問詞＋to＋動詞の原形〉を使って「私は…が知りたいです」という文になるように
英語で書きなさい。表 36点(各9点)

〈あなたが知りたいこと〉
❶ スパゲッティの作り方
❷ バイオリンを習う場所
❸ すきやきを作るために買うもの
❹ いつ映画を見るのか

❶	❶		
	❷		
❷	❶		, please.
	❷		?
	❸		.
❸	❶	❷	
❹	❶		
	❷		
	❸		
❺	❶		
	❷		
	❸		
	❹		

Step 1 基本チェック Unit 6 Research Your Topic ~ Stage Activity 2

10分

■ 赤シートを使って答えよう!

❶[比較級, 最上級]

解答欄

□❶ ケンはエミより背が高いです。

Ken is [taller] [than] Emi.

❶ _____

□❷ 7月と8月ではどちらがより暑いですか。

Which is [hotter], July or August?

❷ _____

□❸ 富士山は日本でいちばん高い山です。

Mt. Fuji is [the] [highest] mountain in Japan.

❸ _____

□❹ いちばん小さい動物は何ですか。

What is [the] [smallest] animal?

❹ _____

□❺ 私はこの本はあの本よりもおもしろいと思います。

I think that this book is [more] interesting [than] that one.

❺ _____

□❻ この俳優は世界でいちばん有名です。

This actor is [the] [most] famous in the world.

❻ _____

POINT

❶[比較級, 最上級]

①2人[2つ]のものを比べて「~よりも…」と言うときは, 比較級(...er)を使って表す。

・This movie is <u>older</u>　<u>than</u>　that one.　[この映画はあの映画よりも古いです。]
　　　　　　　　比較級「~よりも」

②3人[3つ]以上のものを比べて「いちばん…」と言うときは, 〈the＋最上級(...est)〉を使って表す。

・This movie is <u>the oldest</u> <u>of the three</u>.　[この映画は3本の中でいちばん古いです。]
　　　　　　　〈the＋最上級〉「3つの中で」

③つづりが長い形容詞や副詞の文では, 比較級はmore ..., 最上級はmost ...となる。

・This movie is more interesting than that one.　[この映画はあの映画よりもおもしろいです。]

・This movie is <u>the</u> most interesting this year.　[この映画は今年いちばんおもしろいです。]
　　　　　　theをつける

単語(意味)	比較級	最上級
beautiful(美しい)	more beautiful	most beautiful
difficult(難しい, 困難な)	more difficult	most difficult
important(重要な, 大切な)	more important	most important

❸ [good, well, very much の比較級と最上級]

□ ❶ 私は冬よりも夏のほうが好きです。

I like summer [better] [than] winter.

□ ❷ 私はすべての季節の中で夏がいちばん好きです。

I like summer [the] [best] of all seasons.

❹ [as + 原級 + as]

□ ❶ 私の姉はあなたのお兄さんと同じくらいの年齢です。

My sister is [as] [old] as your brother.

□ ❷ 私の姉は彼のお兄さんほど年をとっていません。

My sister is [not] [as] old as his brother.

❺ […しましょうか]

□ ❶ 窓を開けましょうか。

[Shall] [I] open the window?

□ ❷ あなたの服を洗いましょうか。

[Shall] [I] wash your clothes?

解答欄

❶ _____

❷ _____

❶ _____

❷ _____

❶ _____

❷ _____

POINT

❸ [good, well, very much の比較級と最上級]

①good, well, very much の比較級はbetterとなる。

・I like animated movies <u>better</u> than action movies.
　　　　　　　　　　比較級　　　　　　　[私はアクション映画よりもアニメ映画が好きです。]

②good, well, very much の最上級はbestとなる。

・I like animated movies <u>the best</u> of all. [私は全ての中でアニメ映画がいちばん好きです。]
　　　　　　　　　　〈the＋最上級〉

❹ [as + 原級 + as]

①as … as 〜で「〜と同じくらい…」という意味になる。

・This movie is as <u>popular</u> as that one. [この映画はあの映画と同じくらい人気があります。]
　　　　　　　　　原級

②not as … as 〜は「〜ほど…ではない」という意味になる。

・This movie is not as <u>popular</u> as that one. [この映画はあの映画ほど人気がありません。]
　　　　　　　　　　　原級

❺ […しましょうか]

Shall I …?は「…しましょうか」という意味で，何かを申し出るときに使う。

・Shall I show you a bigger one? [もう少し大きいものを出しましょうか。]

　── Yes, please. [はい，お願いします。]

Step 2 予想問題　**Unit 6　Research Your Topic ～ Stage Activity 2**　40分 (1ページ10分)

❶ ❶～❻は単語の意味を，❼～⓬は日本語を英語になおしなさい。 ●ヒント

☐❶ neighbor （　　　　　） 　 ☐❷ graph （　　　　　）

☐❸ size （　　　　　） 　 ☐❹ comedy （　　　　　）

☐❺ content （　　　　　） 　 ☐❻ letter （　　　　　）

☐❼ 値段 ＿＿＿＿＿ 　 ☐❽ クイズ ＿＿＿＿＿

☐❾ 話，物語 ＿＿＿＿＿ 　 ☐❿ 商品，品物 ＿＿＿＿＿

☐⓫ …に答える，答え ＿＿＿＿＿ 　 ☐⓬ speakの過去形 ＿＿＿＿＿

❶
❶発音に注意。
❸お店で洋服の大きさなどを表すときに使われる言葉。

❷ 次の語で最も強く発音する部分の記号を答えなさい。

☐❶ an-i-mat-ed
　　ア イ ウ エ
　　　　　　　（　　　）

☐❷ per-cent
　　ア　イ
　　　　　　　（　　　）

☐❸ de-liv-er-y
　　ア イ ウ エ
　　　　　　　（　　　）

☐❹ cus-tom-er
　　ア　イ　ウ
　　　　　　　（　　　）

❷
❸「配達」という意味でもよく使われるが，スピーチでは「話しぶり」という意味で使われる。

❸ （　）内に入れるのに最も適切な語を，㋐～㋒から選んで記号を書きなさい。

☐❶ What kind （　　） books do you like? 　（　　　）
　㋐ of 　㋑ on 　㋒ for 　㋓ from

☐❷ This research is a surprise （　　） me. 　（　　　）
　㋐ in 　㋑ at 　㋒ to 　㋓ on

☐❸ （　　） I open the door? 　（　　　）
　㋐ If 　㋑ Will 　㋒ How 　㋓ Shall

☐❹ Thank you （　　） coming to my house. 　（　　　）
　㋐ of 　㋑ with 　㋒ from 　㋓ for

☐❺ Can I try this （　　）? 　（　　　）
　㋐ in 　㋑ after 　㋒ on 　㋓ under

☐❻ I was happy （　　） hear that. 　（　　　）
　㋐ from 　㋑ by 　㋒ to 　㋓ for

❸
❸「とびらを開けましょうか」と申し出るときの表現。
❺お店などで「試着してもよいですか」とたずねる表現。
❻「…して（幸せだ）」と感情の原因を表す1語を入れる。

点UP

❹ 日本語に合う英文になるように，＿＿＿に適切な語を書きなさい。

□ ❶ その調査の結果として，私たちはそれを発見しました。

As a ＿＿＿＿＿＿ ＿＿＿＿＿＿ the research, we found it.

□ ❷ 半分以上の生徒が女の子です。

＿＿＿＿＿＿ ＿＿＿＿＿＿ half of the students are girls.

□ ❸ 今私はイヌを飼いたい気がします。

Now I ＿＿＿＿＿＿ ＿＿＿＿＿＿ having a dog.

□ ❹ このTシャツはいくらですか。

＿＿＿＿＿＿ ＿＿＿＿＿＿ is this T-shirt?

□ ❺ 私はネコやイヌのような動物が好きです。

I like animals ＿＿＿＿＿＿ ＿＿＿＿＿＿ cats or dogs.

□ ❻ 彼女の考えについて言えば，私はよいと思います。

＿＿＿＿＿＿ ＿＿＿＿＿＿ her idea, I think it is good.

❺ 次の＿＿＿に適切な語を下から選んで書きなさい。
ただし，同じ語を2度使うことはできません。

□ ❶ Which is more popular, this movie ＿＿＿＿＿＿ that one?

□ ❷ Takeshi can run ＿＿＿＿＿＿ fast as Ken.

□ ❸ I like rabbits the best ＿＿＿＿＿＿ all animals.

□ ❹ Thank you ＿＿＿＿＿＿ helping me.

for	or	as	of

❻ 次の文を（ ）内の指示にしたがって書きかえるとき，
＿＿＿に適切な語を書きなさい。

□ ❶ My brother is as old as Ken. （否定文に）

My brother is ＿＿＿＿＿＿ as old as Ken.

□ ❷ The song is more popular than that one. （最上級の文に）

The song is the ＿＿＿＿＿＿ popular of all.

□ ❸ This bridge is longer than that one. （ほぼ同じ内容の文に）

That bridge is ＿＿＿＿＿＿ than this one.

□ ❹ She can play the piano well. （最上級の文に）

She can play the piano the ＿＿＿＿＿＿ in her class.

[解答 ▶ p.13] **51**

❹

❷ half は「半分」という意味なので，「…よりも，…以上」の部分を比較級で表す。

❺「～のような…」と例を示す表現。

❺ ✖ ミスに注意
❶「どちらが…ですか」と2つのものを比べながら聞くときは，Which is …? を使う。
❸「すべての動物のなかで」という意味になるようにする。

❻ ✖ ミスに注意
❶ as … as ～は「～と同じくらい…」。
❸ 主語が That bridge になっていることに注意。
❹「いちばんじょうずに」という意味になるようにする。

Unit 6 ~ Stage Activity 2

❼ 次の文に対する応答として適切なものを，
（　）内を参考に英語で書きなさい。

☐ ❶ What animal do you like the best?
（「私はイヌがいちばん好きです」と答える）

_____

点UP ☐ ❷ Which do you like better, tennis or soccer?
（「私はテニスよりもサッカーが好きです」と答える）

_____

☐ ❸ What are you looking for?　（「私はかばんをさがしています」と答える）

_____

☐ ❹ How much is this cap?　（「30ドルです」と答える）

_____

❽ 次の英文を日本語にしなさい。

☐ ❶ He can swim faster than Meg.
（　　　　　　　　　　　　　　　　　　）

☐ ❷ This book is more interesting than that one.
（　　　　　　　　　　　　　　　　　　）

☐ ❸ My father likes action movies the best.
（　　　　　　　　　　　　　　　　　　）

☐ ❹ Shall I go with you?
（　　　　　　　　　　　　　　　　　　）

☐ ❺ Can you run as fast as Emi?
（　　　　　　　　　　　　　　　　　　）

☐ ❻ How much is this umbrella?
（　　　　　　　　　　　　　　　　　　）

☐ ❼ I think his speech was better than mine.
（　　　　　　　　　　　　　　　　　　）

☐ ❽ Which is more famous, this castle or that one?
（　　　　　　　　　　　　　　　　　　）

☐ ❾ I can't play the guitar as well as you.
（　　　　　　　　　　　　　　　　　　）

ヒント

❼
❶「いちばん」とあるので最上級を使う。
❷ Which do you ...,
A or B?は「AとBではあなたはどちらが…ですか」と2つのものを比べてたずねる文。比較級を使って答える。
❹「ドル」dollar

❽
❷ interesting はつづりの長い語なので，比較級が more interesting，最上級が most interesting となる。

❹ Shall I ...? は相手に申し出るときに使われる表現。

❼ この better は good の比較級。

⑨ 日本語に合う英文になるように，（　）内の語(句)を並べかえなさい。

□❶ 私はユミよりも早く起きました。

（ got up / than / Yumi / earlier / I ）.

_____.

□❷ この歌は世界でいちばん人気です。

（ is / most / in / this song / the / popular / the world ）.

_____.

□❸ 私はすべての季節の中で冬がいちばん好きです。

（ winter / I / of / like / best / seasons / the / all ）.

_____.

□❹ 彼は私のお父さんと同じくらい背が高いです。

（ as / my father / tall / he / as / is ）.

_____.

□❺ ケンタは私のクラスでいちばん野球が上手な選手です。

（ is / my class / best / player / Kenta / in / baseball / the ）.

_____.

□❻ 日本でいちばん高い山は何ですか。

（ highest / is / Japan / mountain / the / what / in ）?

_____?

□❼ そのサッカーの試合は今年一番わくわくしました。

（ was / exciting / this year / most / the / the soccer game ）.

_____.

⑩ 次の日本語を英文にしなさい。

ただし，（　）内の指示がある場合，それにしたがうこと。

□❶ あなたは何のスポーツがいちばん好きですか。

_____

□❷ この劇はあの劇と同じくらいおもしろいです。

_____

□❸ 私のノートをあなたに見せましょうか。（shallを使って）

_____

□❹ 私はこの絵が美術館でいちばん美しいと思います。

_____

［解答 ▶ pp.13-14］ **53**

ヒント

⑨
❶ earlier は early の
比較級。
❸「〜の中で」はofを
使って表す。
❹ as ... as 〜「〜と同
じくらい…」を使っ
た文。

❺「いちばん上手な選
手」はgoodの最上級
bestを使って表す。

❻「何」を表す語で始め
る疑問文。

Unit 6 〜 Stage Activity 2

⑩ ✕ ミスに注意
❶「いちばん好き」は最
上級のbestを使う。
❷同じ語のくり返しを
さけるため，代名詞
oneを使う。
❸「〜しましょうか」と
相手に申し出るとき
に使われる。

Step 3 予想テスト : Unit 6　Research Your Topic 〜 Stage Activity 2

30分　　目標80点　　/100点

❶ 日本語に合う英文になるように，____に適切な語を書きなさい。知　　10点（各完答5点）

❶ その電車は大雪の結果として遅れました。

The train was late _____ a _____ of the heavy snow.

❷ 私たちはトマトやキュウリのような野菜を食べました。

We ate vegetables _____ _____ tomatoes or cucumbers.

❷ 日本語に合う英文になるように，（　）内の語(句)を並べかえなさい。知　　24点（各6点）

❶ このクイズはいちばん難しいです。（ difficult / the / this quiz / most / is ）.

❷ 私はケンよりも速く泳ぐことができません。（ faster / Ken / than / can't / swim / I ）.

❸ あなたは何の食べ物がいちばん好きですか。

（ like / best / do / food / you / the / what ）?

❹ 私はあなたほどじょうずに絵をかくことができません。

（ draw / well / a picture / you / I / as / can't / as ）.

❸ 次の対話文について（　）に入れるのに，最も適切な文の記号を書きなさい。知

16点（各8点）

❶ *Woman:*　（　　）

　Man:　　It's twenty dollars.

　㋐ How much is this book?　　㋑ How long does it take?

　㋒ How many books do you have?　　㋓ What color do you like?

❷ *Man:*　　Hello.（　　）

　Woman:　I'm just looking. Thank you.

　㋐ I will take it.　　㋑ Will you be late?

　㋒ Can I ask your name?　　㋓ May I help you?

❹ 次の対話文を読んで，あとの問いに答えなさい。表　　20点

Josh:　OK. ①What kind of movies do you like? ....

　　　　Action, comedy, animated movies, ...

Asami:　Oh, I like science fiction movies.

Josh:　Science fiction. ②Why do you like them?

Asami:　They're ③(interesting / other / more / than / movies).

　　　　I think science fiction movies are ④(interesting) of all.

❶ 下線部①の英文を日本語に直しなさい。 (5点)

❷ 下線部②の英文をthemが表すものを具体的に表して日本語に直しなさい。 (6点)

❸ ③の( )内の語を意味が通るように並べかえなさい。 (5点)

❹ ④の( )内の語を「最もおもしろい」を意味する形に書きかえなさい。 (4点)

❺ 次のメモは，あなたがいちばん好きなものをまとめたメモです。メモを参考に❶〜❸ の質問に対する答えを英語で書きなさい。表 30点(各10点)

> ・いちばん好きな動物　パンダ
> ・いちばん好きなスポーツ　サッカー
> ・いちばん好きな色　青色

❶ What animal do you like the best?

❷ Which do you like better, soccer or basketball?

❸ What color do you like the best?

❶	❶		
	❷		
❷	❶		.
	❷		.
	❸		?
	❹		.
❸	❶	❷	
❹	❶		
	❷		
	❸ They're		.
	❹		
❺	❶		
	❷		
	❸		

Step 1	基本チェック	Let's Read 2 A Glass of Milk	5分

赤シートを使って答えよう!

❶ [···するために]

☐ ❶ 私のお父さんは山に登るために早く起きました。

My father got up early [to] climb the mountain.

❶

❷ [···すること]

☐ ❶ 彼はそのとき歩くのをやめました。

He stopped [walking] then.

❶

❸ [〜よりも···]

☐ ❶ 私はエミよりも速く走ることができます。

I can run [faster] [than] Emi.

❶

❹ [···しなければならない]

☐ ❶ 私たちは買い物に行かなければなりません。

We [have] [to] go shopping.

❶

POINT

❶ [···するために]

動作の目的である「···するために」という意味は,〈to＋動詞の原形〉を使う。

・The boy went to a house to sell candy. [その少年はキャンディーを売るために家に行きました。]
　　　　　　　　　　　　　　└─ ···するために

❷ [···すること]

動詞にingがついた形は,「···すること」という名詞の働きをする。

❸ [〜よりも···]

「〜よりも···」と2つのものを比べる表現をするときは,比較級(...er)を使う。

・When he finished drinking the milk, the boy felt much better.
　　　　　　　　　　└─ ···すること　　　　　　　　　　　└─ wellの比較級

　　　　　　　[彼が牛乳を飲み終えたとき,その少年はだいぶ気分がよくなりました。]

❹ [···しなければならない]

〈have to＋動詞の原形〉で「···しなければならない」という意味を表す。

・The doctors had to give her an operation right away.
　　　　　　　└─ 過去形はhaveをhadにする　　　[医者たちはすぐに彼女を手術しなければならなかった。]

Step 2 予想問題 : **Let's Read 2 A Glass of Milk**

🕐 30分 (1ページ10分)

❶ ❶〜❺は単語の意味を，❻〜❿は日本語を英語になおしなさい。 💡ヒント

☐❶ wake （　　　） ☐❷ pocket （　　　）

☐❸ send （　　　） ☐❹ once （　　　）

☐❺ herself （　　　） ☐❻ …だと気づく＿＿＿＿＿

☐❼ (代金などを)払う＿＿＿＿＿ ☐❽ 内側に，内部に＿＿＿＿＿

☐❾ メモ，覚え書き＿＿＿＿＿ ☐❿ 思いをめぐらす＿＿＿＿＿

❶
❷日本語としても使われている。
❼paidは「支払い済みの」という意味の形容詞。

❷ 次の各組の下線部の発音が同じなら〇，異なれば×を書きなさい。

☐❶ kn<u>o</u>ck （　　）　☐❷ <u>ear</u>n （　　）
　 p<u>o</u>cket 　　　　　　　 <u>ear</u>

❷
❷earnは「…をかせぐ」，earは「耳」という意味。

❸ （　）内に入れるのに最も適切な語を，㋐〜㋓から選んで記号を書きなさい。

☐❶ She was happy （　　） get a new bag. （　　）
　 ㋐ on　㋑ to　㋒ with　㋓ at

☐❷ His father was cooking （　　）he was watching TV. （　　）
　 ㋐ when　㋑ at　㋒ during　㋓ on

☐❸ My mother gave an umbrella （　　） me. （　　）
　 ㋐ from　㋑ with　㋒ to　㋓ for

❸
❸〈give＋(人)＋(もの)〉で「(人)に(もの)をあげる」という意味。この問題では，ほとんど意味は同じだが，語順がちがうので注意。

❹ 日本語に合う英文になるように，＿＿に適切な語を書きなさい。

☐❶ 彼女は今にも起きようとしています。
　 She is ＿＿＿＿＿ ＿＿＿＿＿ get up.

☐❷ 公園には少数の人々がいます。
　 There are ＿＿＿＿＿ ＿＿＿＿＿ people in the park.

☐❸ 私は自転車に乗るのがこわいです。
　 I'm ＿＿＿＿＿ ＿＿＿＿＿ ride a bicycle.

☐❹ オレンジジュースを一杯ください。
　 Please give me a ＿＿＿＿＿ ＿＿＿＿＿ orange juice.

☐❺ 書店の前で会いましょう。
　 Let's meet in ＿＿＿＿＿ ＿＿＿＿＿ a bookstore.

❹
❹コーヒーなどカップを使う飲み物はa cup of 〜を使う。a cup of coffee「一杯のコーヒー」

❺ 次の_____に適切な語を下から選んで書きなさい。
ただし，同じ語を2度使うことはできません。

☐ **❶** He nods _____ a smile.

☐ **❷** You don't need _____ take a train.

☐ **❸** I was sorry _____ him.

☐ **❹** You should pay _____ full.

☐ **❺** Five years went _____ and he became a doctor.

| in | by | for | with | to |

❻ 次の文を（　）内の指示にしたがって書きかえるとき，
_____に適切な語を書きなさい。

☐ **❶** I don't have money now.　（ほぼ同じ内容の文に）
I have _____ money now.

☐ **❷** She has to wash dishes after dinner.　（過去の文に）
She _____ to wash dishes after dinner.

☐ **❸** He became sad because he watched this movie.
（ほぼ同じ内容の文に）
He became sad _____ watch this movie.

❼ 次の英文を日本語にしなさい。

☐ **❶** Thanks to his kindness, I did well during my homestay.
（　　　　　　　　　　　　　　　　　　　　　）

☐ **❷** I can swim faster than Takeshi.
（　　　　　　　　　　　　　　　　　　　　　）

☐ **❸** The boy said, "I want to play the video game."
（　　　　　　　　　　　　　　　　　　　　　）

☐ **❹** You don't need to speak English here.
（　　　　　　　　　　　　　　　　　　　　　）

☐ **❺** I want to go to the library to read some books.
（　　　　　　　　　　　　　　　　　　　　　）

☐ **❻** She gave a lot of coins to me.
（　　　　　　　　　　　　　　　　　　　　　）

💡**ヒント**

❺ ❌ **ミスに注意**
❶「にっこり笑って」という意味にする。
❸ ここでのsorryは「気の毒で，かわいそうで」という意味。
❹「全部」という意味にする。

❻
❶「お金を持っていない」という否定の意味を表す語を入れる。
❸「…して（悲しい）」と感情の原因を表す1語を入れる。後ろが動詞の原形になっていることに注目する。

❼
❶ thankは「…に感謝する」という意味を持つ。

❸ 少年が発言した内容はクォーテーションマーク（" "）の中の文。

❺「…するために」と動作の目的を示す不定詞を使った文。

❽ 日本語に合う英文になるように，（ ）内の語(句)を並べかえなさい。

□ ❶ 彼が公園に行ったとき，ネコが数匹いました。
(went / when / were / to the park / cats / he / a few / there).

_____

□ ❷ このクイズはあのクイズよりももっと簡単です。
(easier / this quiz / than / much / that one / is).

_____

□ ❸ 私は彼女がその試合に勝つことを望んでいます。
(that / win / I / will / the game / she / hope).

_____

□ ❹ 彼女は 6 時に外出しなければなりませんでした。
(had / at six o'clock / she / go out / to).

_____

□ ❺ 店員さんは私にすてきなセーターを持ってきてくれました。
(brought / the clerk / a nice sweater / me).

_____

□ ❻ 彼は写真を撮るために山に登るでしょう。
(some pictures / climb / to / he / the mountain / will / take).

_____

□ ❼ 私は早く起きることができなかったので，電車を逃しました。
(couldn't / missed / I / early / get up / because / the train / I).

_____

❾ 次の日本語を英文にしなさい。
ただし，（ ）内の指示がある場合，それにしたがうこと。

□ ❶ 彼は昨日テニスをすることを楽しみました。

_____

□ ❷ ミカはケンよりも歌をじょうずに歌うことができます。

_____

□ ❸ 彼女は毎朝，朝食を作らなければなりません。(have toを使って)

_____

□ ❹ 彼は25歳のときに，先生になりました。

_____

ヒント

❽
❶whenは「…(の)とき に」という意味の接続詞。

❷比較級と一緒に使われるmuchは強調するための表現で，「ずっと，はるかに」という意味。

❺ brought は bring 「持ってくる」の過去形。

❼missは「…を見逃す，逃す」という意味。「…なので」という理由を述べる部分はbecauseを使って表す。

❾
❶「…することを楽しむ」はenjoy …ingで表す。

❹「…(の)ときに」はwhenを使う。過去の文なので過去形にするのを忘れないようにする。

Let's Read 2

Step 1 基本チェック · Unit 7 World Heritage Sites ～ Stage Activity 3

10分

■ 赤シートを使って答えよう！

❶ ［受け身の文］

解答欄

☐ ❶ 彼女の本は世界中で愛されています。

Her books ［ are ］［ loved ］ all over the world.

❶ _____

☐ ❷ この城は1600年に建てられました。

This castle ［ was ］［ built ］ in 1600.

❷ _____

❷ ［受け身の疑問文］

☐ ❶ この絵は世界中で見られますか。

—— はい，見られます。／いいえ，見られません。

［ Is ］ this picture ［ seen ］ all over the world?

—— Yes, it ［ is ］. / No, it ［ is ］ not.

❶ _____

☐ ❷ その机はあなたの学校で使われましたか。

—— はい，使われました。／いいえ，使われませんでした。

［ Was ］ the desk ［ used ］ in your school?

—— Yes, it ［ was ］. / No, it ［ was ］ not.

❷ _____

POINT

❶ ［受け身の文］

「…されます」「…されています」と表すときは，〈be動詞＋過去分詞〉の形にする。これを受け身の文という。

・This place is selected as a World Heritage site.　［この場所は世界遺産に選ばれています。］
　　　　　　　└be動詞＋過去分詞（selected）

❷ ［受け身の疑問文］

受け身の疑問文はbe動詞が主語の前に出る。答えの文でもbe動詞を使う。

〈受け身の肯定文〉

・The mountains are listed as a natural heritage site.
　　　　　　　└be動詞＋過去分詞　　　　　［その山々は自然遺産の地域として登録されています。］

〈受け身の疑問文〉

・Are the mountains listed as a natural heritage site?
　be動詞　　主語　　過去分詞　　　　　［その山々は自然遺産の地域として登録されていますか。］

—— Yes, they are. / No, they are not.　［はい，そうです。／いいえ，そうではありません。］

❸ [by つきの受け身]

解答欄

☐ **❶** この写真は私の弟によって撮られました。

This picture was [taken] [by] my brother.

❶ _____

☐ **❷** この神社はたくさんの人々によって訪れられています。

The shrine is [visited] [by] many people.

❷ _____

❹ [助動詞つきの受け身]

☐ **❶** これらの規則は守られなければならない。

These rules [must] [be] kept.

❶ _____

☐ **❷** その歌は多くの人々から愛されるだろう。

The song [will] [be] loved by many people.

❷ _____

❺ [誘う・断る表現]

☐ **❶** いっしょに映画を見に行きませんか。

—— 行きたいです。

Do you [want] [to] go to see a movie together?

—— I'd [like] [to].

❶ _____

POINT ···

❸ [by つきの受け身]

受け身の文で,「だれによってされるか」を表すときは by ...「…によって」をつける。

・The city is visited by too many tourists.
　　　　　　　　　　└「…によって」　　　　　　[その市にはあまりにも多くの観光客が訪れています。]

・The book was translated by Mr. White.　[その本はホワイト氏によって翻訳されました。]

❹ [助動詞つきの受け身]

助動詞つきの受け身の文では,助動詞の後ろの動詞は原形になるので,〈助動詞 + be + 過去分詞〉となる。

・Mt. Fuji can be seen from different angles.　[富士山はいろいろな角度から見られます。]
　　　　└助動詞　└see の過去分詞

❺ [誘う・断る表現]

Do you want to ... ? で「…しませんか」という意味になり,誘う表現として使われる。

・Do you want to go with me?　[私といっしょに行きませんか。]

　—— I'd like to, but I can't.　[行きたいのですが,できないのです。]
　　　└would like to …「…したい」

Unit 7 ~ Stage Activity 3

Step 2 予想問題 : Unit 7 World Heritage Sites ~ Stage Activity 3

40分
(1ページ10分)

❶ ❶～❼は単語の意味を，❽～⓮は日本語を英語になおしなさい。 💡ヒント

☐❶ worldwide （　　　　　） ☐❷ leaf （　　　　　）

☐❸ list （　　　　　） ☐❹ own （　　　　　）

☐❺ decide （　　　　　） ☐❻ unique （　　　　　）

☐❼ sacred （　　　　　） ☐❽ 森，森林 ＿＿＿＿

☐❾ 自然の ＿＿＿＿ ☐❿ 光景，名所 ＿＿＿＿

☐⓫ 重大な，(病気などが)重い ＿＿＿＿ ☐⓬ タイプ，種類 ＿＿＿＿

☐⓭ 同じような，似た ＿＿＿＿ ☐⓮ 美しさ，美 ＿＿＿＿

❶
❷複数形は leaves。
❾名詞は nature「自然」。
⓫ big や heavy とは異なるニュアンスの語。

❷ 次の語で最も強く発音する部分の記号を答えなさい。

☐❶ in-flu-ence
　　 ア　イ　ウ
　　　　　　　（　　　）

☐❷ at-trac-tive
　　 ア　イ　　ウ
　　　　　　　（　　　）

☐❸ stan-dard
　　 ア　　イ
　　　　　　　（　　　）

☐❹ cit-i-zen
　　 ア イ ウ
　　　　　　　（　　　）

☐❺ con-fer-ence
　　 ア　イ　　ウ
　　　　　　　（　　　）

☐❻ in-spi-ra-tion
　　 ア イ ウ エ
　　　　　　　（　　　）

❷ ✖ミスに注意
❶「…に影響を及ぼす」という意味。
❷「魅力的な」という意味。
❸「基準」という意味。「スタンダード」は日本語でもよく使われる。
❺「会議，評議会」という意味。

❸ （　）内に入れるのに最も適切な語を，
　 ㋐～㋓から選んで記号を書きなさい。

☐❶ （　　　　） was your holidays? （　　　）
　　 ㋐ Which 　㋑ How 　㋒ What 　㋓ Who

☐❷ This photo is taken （　　　） Japan. （　　　）
　　 ㋐ to 　㋑ at 　㋒ in 　㋓ by

☐❸ We're thinking （　　　） playing basketball. （　　　）
　　 ㋐ before 　㋑ with 　㋒ to 　㋓ of

☐❹ （　　　） I speak to Kenta, please? （　　　）
　　 ㋐ Do 　㋑ Shall 　㋒ Will 　㋓ May

❸
❶「…はどうでしたか」とたずねるときの疑問詞を選ぶ。
❷「…(場所)で」を表す前置詞を入れる。
❹電話などで「…をお願いします」と話したい相手につないでもらうときの表現。

💡ヒント

❹ 日本語に合う英文になるように， _____ に適切な語を書きなさい。

☐❶ その伝言のために私たちは外出できませんでした。

We couldn't go out _____ _____ the

message.

☐❷ ひとつには，その公園は若い人々によって愛されています。

_____ _____ thing, the park is loved by

young people.

☐❸ この俳優は世界中で知られています。

This actor is known _____ _____ the world.

❺ 次の _____ に適切な語を下から選んで書きなさい。
ただし，同じ語を2度使うことはできません。

☐❶ I _____ like to play the piano.

☐❷ _____ I use your umbrella?

☐❸ I hope that it _____ be sunny tomorrow.

☐❹ The nature _____ be preserved.

| must | will | would | may |

❻ 次の文を（　）内の指示にしたがって書きかえるとき，
_____ に適切な語を書きなさい。

☐❶ We can see beautiful flowers there. （受け身の文に）

Beautiful flowers can _____ seen there.

☐❷ The soccer game was enjoyed. （「生徒たちによって」とつけて）

The soccer game was enjoyed _____ the students.

☐❸ This library was built last year. （疑問文に）

_____ this library built last year?

↗点UP ☐❹ We will hold the contest next week. （受け身の文に）

The contest will be _____ next week.

☐❺ The writer is known in the U.K. （疑問文に）

_____ the writer known in the U.K.?

☐❻ The cat is called Tama. （下線部をたずねる文に）

_____ is the cat called?

☐❼ Why don't we play baseball? （ほぼ同じ内容の文に）

Do you _____ to play baseball with us?

❹
❶「…のために」は
becauseを使って2
語で表す。
❷理由を述べるときに
使われるone「1つ」
を含んだ表現。

❺ ⊗ミスに注意
❶「…したい」を like
toを使って表す。
❷「…してもよいです
か」とたずねている
文。
❸「…されなければな
らない」という意味
の文にする。

❻

❶助動詞つきの受け身
の文では，〈助動詞
＋be＋過去分詞〉の
語順になる。

❸❺受け身の文の疑問
文では，be動詞が
主語の前に出る。
❹holdの過去分詞を
入れる。

Unit 7 ~ Stage Activity 3

❼ 次の文に対する応答として適切なものを，
( )内を参考に英語で書きなさい。

☐ **❶** Were these pictures taken by your father?
（「はい，そうです」と答える）

_____

☐ **❷** When was this castle built?
（「それは1750年に建てられました」と答える）

_____

☐ **❸** Where were these chairs used?
（「それらは私たちの学校で使われました」と答える）

_____

☐ **❹** Is this song loved by your sister?
（「いいえ，ちがいます」と答える）

_____

❽ 次の英文を日本語にしなさい。

☐ **❶** The festival will be held this weekend.
( )

☐ **❷** This story is known all over the world.
( )

☐ **❸** The moon cannot be seen from my house.
( )

☐ **❹** Do you want to dance with me?
( )

☐ **❺** The game was watched by a lot of children.
( )

☐ **❻** We are thinking of swimming in the sea.
( )

☐ **❼** Some cities were selected at the conference.
( )

☐ **❽** When was the rule decided?
( )

ヒント

❼

❶受け身の疑問文に対する答えは，be動詞を使って答える。

❷時を表す前置詞を使う。「時刻」は at，「曜日」「日付」は on，「月」「年」は？

❽ ✕ **ミスに注意**

❶❸助動詞つきの受け身の文は〈助動詞＋be＋過去分詞〉の語順になる。

❹Do you want to ...? は直訳すると「…したいですか」だが，誘うときの表現としても使われる。

❽このwhenは，時についてたずねる疑問詞。

9 日本語に合う英文になるように，( )内の語(句)を並べかえなさい。

□❶ その新しい学校は来年建てられる予定です。

(will / next year / be / new school / built / the).

_____ .

□❷ その映画は多くの女性たちによって見られました。

(was / a lot of / the movie / by / seen / women).

_____ .

□❸ その会議ではたくさんの言語が使われています。

(used / at / many languages / the conference / are).

_____ .

□❹ 多くの日本の本が翻訳されましたか。

(were / Japanese / many / translated / books)?

_____ ?

□❺ これらの動物は保護されなければならない。

(be / these / preserved / must / animals).

_____ .

□❻ その歌手は多くの人々によって愛されるでしょう。

(by / people / be / the singer / loved / will / a lot of).

_____ .

□❼ 私たちといっしょに買い物に行きませんか。

(shopping / with / you / to / us / go / want / do)?

_____ ?

10 次の日本語を英文にしなさい。

□❶ この寺はいつ建てられましたか。

_____

□❷ この辞書は私の妹によって使われています。

_____

□❸ ここから日の出が見られます。

_____

□❹ その図書館は多くの学生によって訪れられています。

_____

[解答 ▶ p.17]　65

💡ヒント

❾
❶助動詞つきの受け身の文はbe動詞の位置に注意。

❷a lot of ...で「たくさんの…」という意味。

❹受け身の疑問文はbe動詞が主語の前に出る。

❺「…されなければならない」は助動詞mustを使った受け身の文にする。

⓾ ❌ミスに注意

❶受け身で過去の文なので，be動詞はwasかwere。主語が三人称単数の場合に使うのは？

❸「見られる」は可能の意味の助動詞canを使って受け身の文にする。

Unit 7 ~ Stage Activity 3

Step 3 予想テスト : **Unit 7　World Heritage Sites ～ Stage Activity 3**　⏱30分　／100点　目標80点

❶ 日本語に合う英文になるように，＿＿＿に適切な語を書きなさい。知　10点（各完答5点）

❶ 大雪のせいで私は学校に遅れました。

I was late for school ＿＿＿＿ ＿＿＿＿ the heavy snow.

❷ この本は世界中で知られています。

This book is known ＿＿＿＿ ＿＿＿＿ the world.

❷ 日本語に合う英文になるように，（　）内の語（句）を並べかえなさい。知　15点（各5点）

❶ 私の車は私のお父さんによって洗われました。

(was / my father / my car / washed / by).

❷ 多くの森がその国では保護されていますか。

(that country / forests / preserved / many / in / are)?

❸ そのパーティーは来月開かれるでしょう。

(will / the party / held / next month / be).

❸ 次の対話文について（　）に入れるのに，最も適切な文の記号を書きなさい。知

16点（各8点）

❶ *Woman:*　Hello?

Boy:　　Hello. This is Akira. （　　）

㋐ May I speak to Meg, please?　　㋑ Nice to see you.

㋒ Did you enjoy talking?　　㋓ How much is it?

❷ *Boy:*　（　　）

Girl:　I'd like to.

㋐ Which T-shirt do you like?　　㋑ Do you want to play tennis?

㋒ How about you?　　㋓ Why do you want a pencil?

❹ 次の対話文を読んで，あとの問いに答えなさい。表　31点

Kaito:　How was your vacation in Australia, Meg?

Meg:　　It was great! I went to a ①World Heritage site, the Blue Mountains.

Kaito:　Oh, ②are they listed as a natural heritage site?

Meg:　　Yes, ③(　　) (　　).

Kaito:　Why are they called "blue"?

❶ 下線部①を日本語に直しなさい。　(7点)

❷ 下線部②を日本語に直しなさい。　(8点)

❸ 下線部③の（　）内にあてはまる適切な語を書きなさい。　　　　　　　　　　（8点）

❹ メグ（Meg）は休みの間にどこに行きましたか。英語で国名を答えなさい。　　（8点）

❺ 次の日本語を英文にしなさい。 表　　　　　　　　　　　　　28点（各7点）

❶ その公園は多くの観光客によって訪れられています。

❷ この寺は1000年前に建てられました。

❸ 今年その祭りは開かれないでしょう。

❹ この部屋はケンによって使われていますか。

❶	❶		
	❷		
❷	❶		.
	❷		?
	❸		.
❸	❶	❷	
❹	❶		
	❷		
	❸		
	❹		
❺	❶		
	❷		
	❸		
	❹		

Unit 7 ~ Stage Activity 3

Step 1 基本チェック : Let's Read 3 Pictures and Our Beautiful Planet　5分

■ 赤シートを使って答えよう！

❶ [どのように…するか]

解答欄

□❶ 私はこのテレビゲームをどのようにするのか知りません。
I don't know [how][to] play this video game.

❶ _____

□❷ 私に何を持ってくるべきか教えてください。
Please tell me [what][to] bring.

❷ _____

❷ […されます，…されています]

□❶ コンピュータは世界中で使われています。
Computers [are][used] all over the world.

❶ _____

❸ [～と同じくらい…]

□❶ 私はエミと同じくらい上手にギターを弾くことができます。
I can play the guitar as [well][as] Emi.

❶ _____

□❷ この橋はあの橋よりも2倍長いです。
This bridge is [twice][as] long as that one.

❷ _____

POINT

❶ [どのように…するか]
〈疑問詞howやwhatなど＋to＋動詞の原形〉で「どのように…するか」や「何を…すべきか」という意味を表す。
・He also learned how to live without city convenience.
　　　　　　　　　「どのように…するか」　　　［彼は都市の便利なものなしにどのように暮らすかも学びました。］

❷ […されます，…されています]
〈be動詞＋過去分詞〉で「…されます」「…されています」という受け身の意味を表す。
・He was killed by a bear when he was camping alone in Kamchatka in 1996.
　　　　　kkillの過去分詞
　　　　　　　　　［彼は1996年にカムチャツカ半島で，1人でキャンプをしていたときにクマに殺されました。］

❸ [～と同じくらい…]
「～と同じくらい…」はas … as ～で表す。twice as … as ～は「～より2倍…」という意味。
・Scientists say the Arctic is getting warmer twice as fast as the rest of the Earth.
　　　　　　　　［科学者たちは北極地方が地球のその他の地域より2倍の速さであたたかくなっていると言います。］

Step 2 予想問題 : **Let's Read 3**
Pictures and Our Beautiful Planet 30分
(1ページ10分)

❶ ❶~❼は単語の意味を，❽~⓮は日本語を英語になおしなさい。　🦉ヒント

☐❶ meat 　（　　　）　　☐❷ share 　（　　　）

☐❸ university （　　　）　　☐❹ enough 　（　　　）

☐❺ return 　（　　　）　　☐❻ gather 　（　　　）

☐❼ invite 　（　　　）　　☐❽ 自由 _____

☐❾ writeの過去形_____　　☐❿ 伝統 _____

☐⓫ 過去 _____　　☐⓬ 野生の _____

☐⓭ あたたかい _____　　☐⓮ 中央，真ん中 _____

❶
❶meet「会う」と発音
は同じ。
❾writeは過去形が不
規則に変化する動詞。

❷ 次の語で最も強く発音する部分の記号を答えなさい。

☐❶ har-mo-ni-ous-ly 　　　☐❷ wil-der-ness
　　ア　イ　ウ　エ　オ 　　　　　ア　イ　ウ
　　　　　　　　（　　）　　　　　　　　（　　）

☐❸ pho-to-graph 　　　　　☐❹ hab-i-tat
　　ア　イ　ウ 　　　　　　　　ア　イ　ウ
　　　　　　　　（　　）　　　　　　　　（　　）

❷
❷発音に注意。「荒野」
という意味。

❸「写真」という意味。
photoと短く言うこ
ともできる。

❸ （ ）内に入れるのに最も適切な語を，
㋐~㋓から選んで記号を書きなさい。

☐❶ I was late because （　　） the heavy snow. （　　）
　　㋐ on　㋑ from　㋒ with　㋓ of

☐❷ Takeshi was （　　） his friends. （　　）
　　㋐ at　㋑ after　㋒ to　㋓ among

☐❸ This movie is as （　　） as that one. （　　）
　　㋐ the oldest　㋑ old　㋒ oldest　㋓ older

☐❹ This picture was taken （　　） my grandmother. （　　）
　　㋐ with　㋑ to　㋒ by　㋓ as

☐❺ This food （　　） be delicious. （　　）
　　㋐ may　㋑ have to　㋒ shall　㋓ can

❸ ✕ ミスに注意
❶「～のために」という
意味になるようにす
る。
❷「…の中で[に，を]，
…の間で[に，を]」
という意味を表す語
を入れる。
❺「…かもしれない」と
いう推量の意味を持
つ助動詞を入れる。

Let's Read 3

❹ 日本語に合う英文になるように，＿＿＿に適切な語を書きなさい。

☐**❶** 彼は独力で宿題をしました。

He did his homework ＿＿＿＿＿＿＿＿＿＿＿＿＿＿＿ .

☐**❷** 牛乳がチーズに変わりました。

Milk ＿＿＿＿＿＿＿＿＿＿＿＿＿ cheese.

☐**❸** これらの写真は私に旅行を思い出させます。

These pictures ＿＿＿＿＿ me ＿＿＿＿＿ my trip.

☐**❹** 私はあなたの夢が実現することを願っています。

I hope that your dream will ＿＿＿＿＿＿＿＿＿＿＿ .

☐**❺** このメッセージを彼女に伝えてください。

Please ＿＿＿＿＿＿＿＿＿＿＿ this message to her.

☐**❻** 町の真ん中には公園があります。

There is a park ＿＿＿＿＿ the ＿＿＿＿＿ of the town.

❹
❶「彼自身を[に]」は himself を使う。
❷この動詞は様々な意味を持つ。on といっしょに使うと「（スイッチ）を入れる，つける」という意味になる。
❹「実現する」とは「本当になる」ということ。「本当の」を表す語を使う。

❺ 次の＿＿＿に適切な語を下から選んで書きなさい。ただし，同じ語を2度使うことはできません。

☐**❶** I took care ＿＿＿＿＿ my dog.

☐**❷** He worked ＿＿＿＿＿ a photographer.

☐**❸** I want to know how ＿＿＿＿＿ use this camera.

☐**❹** She left ＿＿＿＿＿ saying a word.

☐**❺** Yumi made some cookies ＿＿＿＿＿ herself.

| without | to | for | of | as |

❺
❶「…をだいじにする」という意味にする。
❷「…として」という意味をもつ1語。
❹「何も言わずに」という意味になる。
❺herself「彼女自身を[に]」

❻ 次の文を（　）内の指示にしたがって書きかえるとき，＿＿＿に適切な語を書きなさい。

☐**❶** My sister saw the movie. （受け身の文に）

The movie was ＿＿＿＿＿ by my sister.

☐**❷** You have to leave home at ten. （下線部をたずねる文に）

Tell me ＿＿＿＿＿ to leave home.

☐**❸** He has to wash his car today. （疑問文に）

＿＿＿＿＿ he have to wash his car today?

☐**❹** This box is as big as that one. （「2倍大きい」という意味の文に）

This box is ＿＿＿＿＿ as big as that one.

❻
❶受け身の文は〈be動詞＋過去分詞〉で表すことができる。
❷「いつ家を出ればよいか」をたずねる文にする。

7 次の英文を日本語にしなさい。

❏ ❶ The temple is visited by many people.
(　　　　　　　　　　　　　　　　　　　)

❏ ❷ I will tell you how to take a picture.
(　　　　　　　　　　　　　　　　　　　)

❏ ❸ This song is not as famous as that one.
(　　　　　　　　　　　　　　　　　　　)

❏ ❹ Was the soccer game watched on TV?
(　　　　　　　　　　　　　　　　　　　)

8 日本語に合う英文になるように，(　)内の語(句)を並べかえなさい。

❏ ❶ この時計はケンに使われています。
(is / Ken / this watch / used / by).
_____ .

❏ ❷ 私はどのようにコンピュータを使うか学びました。
(how / the computer / I / learned / to / use).
_____ .

❏ ❸ この山はあの山よりも2倍高いです。
(is / as / this mountain / high / twice / as / that one).
_____ .

❏ ❹ そのウサギは何と呼ばれていますか。
(is / the rabbit / what / called)?
_____ ?

9 次の日本語を英文にしなさい。
ただし，(　)内の指示がある場合，それにしたがうこと。

❏ ❶ この学校は1990年に建てられました。
_____

❏ ❷ 私のお父さんは彼女の兄と同じくらい背が高いです。
_____

❏ ❸ 私はどこに行けばよいのかわかりません。(whereを使って)
_____

ヒント

7
❶ visitは過去形と過去分詞が同じvisitedになる。
❷ ここでのwillは「…しましょう」という意志を表す。

8
❷「どのように…するか」は，疑問詞howと不定詞を使って表す。
❸「〜より2倍…」は twice as ... as 〜 で表すことができる。

9
❶「建てられた」は過去分詞のbuiltを使って受け身の文で表す。
❸「どこで[に]…すればよいか」は〈疑問詞where＋to＋動詞の原形〉の形で表す。

テスト前 ☑ やることチェック表

① まずはテストの目標をたてよう。頑張ったら達成できそうなちょっと上のレベルを目指そう。
② 次にやることを書こう（「ズバリ英語〇ページ，数学〇ページ」など）。
③ やり終えたら□に✓を入れよう。
　最初に完ぺきな計画をたてる必要はなく，まずは数日分の計画をつくって，
　その後追加・修正していっても良いね。

目標

	日付	やること1	やること2
2週間前	／	☐	☐
	／	☐	☐
	／	☐	☐
	／	☐	☐
	／	☐	☐
	／	☐	☐
	／	☐	☐
1週間前	／	☐	☐
	／	☐	☐
	／	☐	☐
	／	☐	☐
	／	☐	☐
	／	☐	☐
	／	☐	☐
テスト期間	／	☐	☐
	／	☐	☐
	／	☐	☐
	／	☐	☐
	／	☐	☐

キリトリ線

英語2年　東京書籍版

テスト前 ☑ やることチェック表

① まずはテストの目標をたてよう。頑張ったら達成できそうなちょっと上のレベルを目指そう。
② 次にやることを書こう（「ズバリ英語〇ページ，数学〇ページ」など）。
③ やり終えたら□に✔を入れよう。
　最初に完ぺきな計画をたてる必要はなく，まずは数日分の計画をつくって，
　その後追加・修正していっても良いね。

目標

	日付	やること1	やること2
2週間前	／	☐	☐
	／	☐	☐
	／	☐	☐
	／	☐	☐
	／	☐	☐
	／	☐	☐
	／	☐	☐
1週間前	／	☐	☐
	／	☐	☐
	／	☐	☐
	／	☐	☐
	／	☐	☐
	／	☐	☐
	／	☐	☐
テスト期間	／	☐	☐
	／	☐	☐
	／	☐	☐
	／	☐	☐
	／	☐	☐

東京書籍版 英語2年 ニューホライズン | 定期テスト ズバリよくでる | **解答集**

Unit 0

p.3 **Step 2**

❶ ❶恐竜　❷(今から)…前に　❸fossil
　❹plant
❷ ❶Is there　❷arrived at[got to]
❸ ❶Was, doing　❷There is
　❸weren't playing
❹ ❶あなたは昨夜，音楽を聞いていましたか。
　❷3年前，彼は教師でした。
❺ ❶I was playing tennis yesterday.
　❷Were you at[in] the[a] museum last weekend?

考え方

❷ ❶There is[are] ….「…がある[いる]」の疑問文はbe動詞がthereの前に出る。
　❷「…に到着する」arrive at [get to] …
❸ ❶過去進行形の疑問文は，主語の前にbe動詞が出る。
　❷「…がある[いる]」はThere is[are] ….で表すことができる。a notebookは単数なのでisを使う。
　❸否定文はbe動詞のあとにnotを置く。空所の数からweren't playingとする。
❹ ❶過去進行形の疑問文であるので，「…していましたか」とたずねる文になる。
　❷three years agoで「3年前」という意味。be動詞が過去形のwasになっているので，「…でした」と過去の文であることに注意。
❺ ❶「…していました」という過去に進行していた動作を述べる文にする。主語は「私」I なので，be動詞はamの過去形wasを使う。
　❷「…にいる」はbe動詞で表せる。過去の疑問文なのでWere you …?となる。「先週末」はlast weekend。

Unit 1 ～ Learning HOME ECONOMICS in English

pp.6-9 **Step 2**

❶ ❶メートル　❷おば，おばさん　❸妻
　❹困難，面倒，迷惑
　❺外国に[へ，で]，海外に[へ，で]
　❻おじ，おじさん　❼遠くに[へ]　❽rode
　❾holiday　❿husband　⓫guest
　⓬culture　⓭cookie　⓮gift
❷ ❶イ　❷ア　❸ウ　❹ア　❺イ　❻イ
❸ ❶イ　❷エ　❸ウ　❹ア
❹ ❶right away　❷doesn't work
　❸You'll be　❹went shopping
　❺next door　❻problem with
　❼apologize for　❽Can
❺ ❶Are, going　❷is not
　❸him flowers　❹Will, go
　❺will not play
❻ ❶Yes, I am (going to visit Tokyo next weekend).
　❷I call her Emi.
　❸No, I will not (go shopping with my father).
　❹I'm[I am] going to listen to music (this weekend).
　❺I'll[I will] play soccer (in the park).
❼ ❶彼女は来年イギリスを訪れるつもりですか。
　❷みんなは私をアキと呼びます。
　❸私のお母さんは私にこのかばんを買いました。
　❹彼は12時に昼食を食べるつもりはありません。
　❺この部屋にはタオルがありません。
　❻私は彼に数枚の写真[絵]を見せるつもりです。
　❼この部屋のテレビは故障しています。
❽ ❶My brother helped me with my homework(.)
　❷Ms. Brown teaches us English(.)
　❸Are you going to stay with your

1

family(?)

❹ I will give my brother this dictionary(.)

❺ There are no windows in this room(.)

❻ My father calls this dog Pochi(.)

❼ What will you do after dinner(?)

❾ ❶ He will not play the guitar tomorrow.

❷ I gave her a red bag.

❸ Kana will look for her notebook this weekend.

❹ Show us the map, please.
[Please show us the map.]

考え方

❸ ❶ I'm = I amなので，〈be going to + 動詞の原形〉の文であるとわかる。

❷「私の姉[妹]がすてきなセーターを私にくれました」という意味。「私に」はmeが適切。

❸「私たちは彼をケンと呼ぶ」という意味になるcallが最も適切。

❹「明日は晴れでしょう」という意味。未来を表すwillを使う。

❹ ❷ 主語が三人称単数なのでdoesn't workに。

❸「…になる」はbe。空所の数よりYou willを短縮形You'llにする。

❹「買い物に行く」はgo shopping。過去の文なので，goを過去形wentにする。

❺ ❶〈be going to + 動詞の原形〉の疑問文なので，主語であるyouの前にareが出る。

❷〈be going to + 動詞の原形〉の否定文はbe動詞のあとにnotを置く。

❸「私は彼に花を買いました」という意味になるように，〈buy + (人) + (もの)〉の語順にする。

・主語(S) + 動詞(V) + 目的語(O) + 目的語(O)
I gave her this book.
「私は彼女にこの本をあげました」
her(O) ≠ this book(O)の関係が成り立つ。

・主語(S) + 動詞(V) + 目的語(O) + 補語(C)
My father calls the cat Tama.
「私のお父さんはそのネコをタマと呼びます」
the cat(O) = Tama(C)の関係が成り立つ。

---

❹ 疑問文はwillが主語の前に出る。

❺ 否定文はwillのあとにnotを置く。

❻ ❶〈be going to + 動詞の原形〉の疑問文に対しては，be動詞を使って答える。

❷〈call + A + B〉「AをBと呼ぶ」を使う。

❸ Will you …?で聞かれているので，willを使って答える。

❹ 質問に合わせて〈be going to + 動詞の原形〉の形で答える。

❺ willの疑問文には，willを使って答える。

❼ ❶〈be going to + 動詞の原形〉の疑問文なので，「…するつもりですか」となる。

❷ everyoneは単数扱いのため，動詞のcallはcallsとなっている。〈call + A + B〉で「AをBと呼ぶ」という意味。

❸ boughtはbuy「買う」の過去形。〈buy + (人) + (もの)〉で「(人)に(もの)を買う」という意味。

❺ no「1つも…ない」がある。There is[are] no ….「…がありません」

❻〈show + (人) + (もの)〉で「(人)に(もの)を見せる」という意味。

❼ The TV in this roomが主語。

❽ ❶ help me with my homeworkで「私の宿題を手伝う」という意味。

❷〈teach + (人) + (もの)〉で「(人)に(もの)を教える」という意味。

❸「…するつもりですか」は〈be going to + 動詞の原形〉の疑問文で表すことができる。疑問文は，be動詞が主語の前に出る。

❹「…するつもりです」という意志を表すwillを使った文。〈give + (人) + (もの)〉で「(人)に(もの)をあげる」という意味。

❺「…がありません」There is[are] no ….

❻〈call + A + B〉「AをBと呼ぶ」

❼「何をするつもりですか」という疑問文なので，文のはじめにwhatを置く。

❾ ❶「…しないつもりです」は未来の予定を表すwillの否定形will notで表すことができる。

❷〈give + (人) + (もの)〉「(人)に(もの)をあげる」の文にする。過去の文なので，giveを過去形gaveにする。

❸ 〈will＋動詞の原形〉を使う。「…をさがす」
look for ...

❹「…してください」は命令文で表すので，動詞の原形で文を始める。「（人）に（もの）を見せる」は〈show＋（人）＋（もの）〉で表す。

pp.10-11　Step ❸

❶ ❶ doesn't work　❷ right away

❷ ❶ It will be rainy tomorrow(.)

❷ There are no balls in the box(.)

❸ Is he going to play baseball tomorrow(?)

❹ My husband calls the man Ken(.)

❸ ❶ エ　❷ ウ

❹ ❶ What are we going to do today(?)

❷ エ

❸ あなたはすぐにマーライオンを見るでしょう。

❹ マーライオン公園

❺ ❶ She is going to listen to music (on Saturday night).

❷ She will make cookies (on Sunday morning).

❸ She is going to play soccer in[at] the park (on Sunday afternoon).

考え方

❷ ❶ 未来の予測を表すwillを使った文。天気のことを言うときは，主語はitを使う。

❷「…がありません」There is[are] no ....

❸「…するつもりですか」は〈be going to＋動詞の原形〉の疑問文で表すことができる。疑問文は，主語の前にbe動詞が出る。

❹〈call＋A＋B〉「AをBと呼ぶ」

❸ ❶ certainlyは，返事で「承知しました」というときに使われる。ホテルの客とフロント係の会話で，客からの要望に対する返事なのでエが最も適切。

❷ Guess what?は「あのね，何だと思う?」という意味で，会話で使われる表現。

❹ ❶「何」とたずねる文なので，whatを文のはじめに置く。「…するつもりですか」はare going toを疑問文にする。

❷「最初に」という意味のfirstが適切。

❸ You'llはYou willの短縮形。「…でしょう」と未来の予測を表す。

❹ おじさんの最初の発言に，First, we're going to visit Merlion Park.とあるので，マーライオン公園に行くことがわかる。

❺ ❶ 土曜の夜にすることは，「音楽を聞く」listen to music

❷ willを使った疑問文なので，willで答える。日曜の朝にすることは，「クッキーを作る」make cookies

❸ 日曜日の午後にすることは，「公園でサッカーをする」play soccer in the park

Unit 2 ～ Grammar for Communication 2

pp.14-17　Step ❷

❶ ❶ 会社　❷ 販売　❸ 世紀，100年　❹ 濃い

❺ いつか，そのうち　❻ 海藻

❼ アメリカ合衆国，米国　❽ chef　❾ flour

❿ blend　⓫ heard　⓬ originally

⓭ create　⓮ produce

❷ ❶ イ　❷ ア　❸ ア　❹ イ

❸ ❶ ウ　❷ エ　❸ ウ　❹ イ

❹ ❶ interested in　❷ came from

❸ call back　❹ a favor　❺ heard of[about]

❻ You know　❼ Say cheese　❽ for sale

❾ Could you　❿ but

❺ ❶ of　❷ after　❸ for　❹ in　❺ from　❻ to

❻ ❶ Because it was rainy yesterday.

❷ I (usually) listen to music.

❸ I like Japanese food.

❹ I want to see pandas[a panda].

❺ I played the piano every day (when I was ten years old).

❼ ❶ もしあなたが医者になりたいのならば，一生懸命に勉強しなさい。

❷ 私は明日はくもりだろうと思います。

❸ 彼女は腹痛があったのでここに来ませんでした。

❹ 彼は雨が降っているときはバスに乗ります。

❺ 私にもう１つパンをくださいませんか。

❻ このコンピュータを使ってもよいですか。

❽ ❶ I want to eat salad because I like raw vegetables(.)

❷ This food came from New Zealand(.)

❸ I think that these flowers are beautiful(.)

❹ (I will help you) if you are busy(.)

❺ Could you show me the photo(?)

❻ (He) looked very happy when he got this present(.)

❾ ❶ I know (that) the movie is interesting.

❷ If it snows tomorrow, we will not go to the zoo.[We will not go to the zoo if it snows tomorrow.]

❸ May I sit here?

❹ She went to a[the] restaurant because she was hungry.[Because she was hungry, she went to a[the] restaurant.]

考え方

❸ ❶ ... kind(s) of ～で「…種類の～」という意味。

❷ 「私はそれを食べられません」という部分の理由として、「私はチーズが好きではありません」とあるので、because「…だから、…なので」を使う。

❸ hope (that) ...で「…を望む、…だとよいと思う」という意味。

❹ whenは「…(の)ときに」という意味。

❹ ❷ 「…から来ている」はcome from ...。comeの過去形はcame。

❹ 「…にお願いする」ask ... a favor

❺ neverは「一度も…ない」という否定の意味。「…について聞く」hear of[about] ...

❻ you knowは「ねえ、…でしょう」という意味で、会話の中でよく使われる表現。

❾ ていねいに依頼するときはCould you ...?

❿ 「すみませんが、…」I'm sorry, but ...

❺ ❷ 〈name＋(人・もの)＋...＋after＋～〉で「～にちなんで(人・もの)を…と名付ける」。

❹ be interested in ...「…に興味がある」

❻ want to ...「…したい」

❻ ❶ 理由を聞かれているので、「…だから、…な

ので」を意味するbecauseを使って答える。

❷ 「…を聞く」listen to ...

❸ 「日本食」Japanese food

❹ 「パンダを見る」see pandas[a panda]

❺ 「ピアノを弾く」play the piano

❼ ❶ 動詞の原形で始まるのは命令文。ifは「(もし)…ならば」という意味。

❷ think (that) ...「…と思う」

❸ becauseのあとに理由がくる。

❹ whenは「…(の)ときに」という意味。

❺ Could you ...?は「…してくださいませんか」、〈give＋(人)＋(もの)〉で「(人)に(もの)を与える」という意味。

❻ May I ...?「…してもよいですか」

❽ ❶ becauseから始まる部分を文の前半に置くことができるが、ここではカッコ内にコンマがないため、後ろに置く。

〈when, if, becauseをはじめに置く文〉

> when, if, becauseから始まる部分を文の前半に置くことができるが、その場合は文の区切りにコンマをつける。
> ・I visited Japan when I was six years old.
> ＝ When I was six years old, I visited Japan.
> 「私は6歳のとき、日本を訪れました」
> ・Please help me if you are free.
> ＝ If you are free, please help me.
> 「もしあなたがひまなら、私を手伝ってください」
> ・He can't eat yogurt because he doesn't like milk.
> ＝ Because he doesn't like milk, he can't eat yogurt.
> 「彼は牛乳が好きではないので、ヨーグルトを食べることができません」

❸ think (that) ...「…と思う」

❺ Could you ...?「…してくださいませんか」〈show＋(人)＋(もの)〉は「(人)に(もの)を見せる」という意味。語順に注意する。

❻ 「…(の)ときに」whenを使って表す。

❾ ❶ know (that) ...で「…だと知っている」という意味になる。このthatは省略できる。

❷「(もし)…ならば」という条件を表す文なので，ifを使う。

❸ 座ってもよいか相手に許可を求める文なので，May I ...?で表す。

❹ 理由を表す文なので，becauseを使う。「彼女は空腹だったので」という部分はbecause she was hungryと表す。becauseの部分を文の前半に置いても文の後半に置いてもかまわない。文の前半に置く場合は，文の区切りにコンマを入れることを忘れないよう注意する。

pp.18-19 Step ❸

❶ ❶ when I was　**❷** because, heard of

❷ ❶ Come with me if you are free(.)

❷ I know Ken is happy(.)

❸ (Please) call me when you get to the station(.)

❸ ❶ ア　**❷** ウ

❹ ❶ 私の家の近くにおいしいカレーのレストランがあります。

❷ sometime

❸ If you have time, we can go with them(.)

❹ カレーピラフ

❺ ❶ I want to be a vet because I like animals. [Because I like animals, I want to be a vet.]

❷ When he was a junior high school student, he was interested in history. [He was interested in history when he was a junior high school student.]

❸ If your mother is busy, I will help her. [I will help your mother if she is busy.]

❹ I hope (that) it will be sunny tomorrow.

❺ What did you see when you went to the museum?

考え方

❷ ❶「(もし)…ならば」はifを使って表す。

❷ know (that) ...「…を知っている」のthatが省略された文。

❸「…(の)ときに」という意味のwhenを使う。whenの後ろは〈主語＋動詞〉の部分が続く。

❸ ❶ All right.は「わかりました。」という意味。相手のお願いを受け入れるときの表現。他にも，Sure.やOK.なども使うことができる。

❷ No problem.は「いいですよ。」という意味で，相手からお願いされたときに受け入れる表現。そのため，ウの「手伝ってくださいませんか」が適切。

❹ ❶〈There is[are] ... + (場所).〉で「(場所)に…がある」という意味。

❸ カッコ内にコンマがあるので，文のはじめにifを置く。

❹ 最後にジョシュはI want to eat curry pilaf.と言っていることから，カレーピラフが食べたいことがわかる。

❺ ❶「…なので」はbecauseで表す。「獣医」vet

❷「彼が中学生のときに」はwhenを使ってwhen he was a junior high school studentとなる。「…に興味がある」be interested in ...

❸「(もし)…ならば」はifを使って表す。「…しましょう」はwillを使う。

❹「(…を)望む，…だとよいと思う」はhope (that) ...で表す。このthatは省略することができる。

❺「何を見ましたか」という疑問文なので，疑問詞whatを使う。過去形であることに注意する。

Unit 3 ～ Stage Activity 1

p.22-25 Step ❷

❶ ❶ 伝言，メッセージ　**❷** 電話

❸ …を発達させる　**❹** (…を)学ぶ，習う

❺ 進歩，発達　**❻** 職業　**❼** 筆者，作家

❽ 腕前，技術　**❾** knowledge　**❿** article

⓫ necessary　**⓬** continue　**⓭** appear

⓮ lives　**⓯** advice　**⓰** knew

❷ ❶イ ❷ウ ❸エ ❹イ ❺イ ❻イ

❸ ❶イ ❷ア ❸ウ

❹ ❶in the future ❷works out

❸good at ❹Here is ❺According to

❻interested in ❼Let's ❽I'm sorry

❾looking forward to

❺ ❶to ❷that ❸at ❹about

❺It ❻through ❼with

❻ ❶I want to be a vet (in the future).

❷I think (that) it is interesting.

❸No, it isn't[is not].

❹I need to help my mother (this afternoon).

❼ ❶私はそれを知ってとても幸せです。

❷彼女はいくつかの卵を買うためにスーパーマーケットに行きました。

❸ケンはバスケットボールをすることが好きです。

❹この本を翻訳することは難しいです。

❺彼は今日するべきことがたくさんあります。

❻私は自分の将来について考えることは大切だと思います。

❼私はパイロットになりたいので，英語を勉強するつもりです。

❽ユキはこの記事を読んで驚きました。

❽ ❶It is interesting to play the guitar(.)

❷My sister went to the library to borrow some books(.)

❸Ken tried to open the door(.)

❹It is necessary to use this dictionary(.)

❺There is a table between Mika and Takeshi(.)

❻I'm looking forward to playing soccer at high school(.)

❾ ❶I don't[do not] want to listen to music.

❷It is easy to read this book.

❸We are sad to hear it[that].

❹She got up early to make[cook] breakfast.

考え方

❸ ❶between A and B「AとBの間に」

❷look forward to ...「…を楽しみに待つ」の…に動詞がくるときは動詞を...ing形に。

❸attach ... to ~「…を~につける」

❹ ❷「運動する」work outは主語が三人称単数なのでworks outとなる。

❸「…がじょうずだ，得意だ」be good at ...の…に動詞がくるときは動詞を...ing形に。

❽「…してごめんなさい」I'm sorry (that) ...

❺ ❶「…したい」は〈want to＋動詞の原形〉

〈不定詞の3つの用法〉

〈to＋動詞の原形〉の形を不定詞という。

・名詞的用法

「…すること」「…であること」という意味で，文の主語や目的語になる。

I want to read a book.

「私は本を読みたいです」

To speak English is difficult.

「英語を話すのは難しいです。」

・副詞的用法

「…するために」「…して」という意味で，動作の目的や，感情の原因・理由を表したりする。

I went to the zoo to see koalas.

「私はコアラを見るために動物園に行きました」

I am happy to know that.

「私はそれを知って幸せです」

・形容詞的用法

「…すべき」「…するための」という意味で，直前の(代)名詞を修飾する。

Do you have anything to drink?

「あなたは何か飲み物（＝飲むための何か）を持っていますか」

I have many things to do today.

「私は今日するべきことがたくさんあります」

---

❷know (that) ...は「…を知っている」という意味。このthatは省略することができる。

❸「…がじょうずだ，得意だ」be good at ...

❹「…はどうですか」How about ...?

❺〈It is ... to ~〉「~するのは…です」の文。

このItは形式上の主語で，to以下が文の主語になる。この問題では，「一生懸命練習すること（= to practice hard）」が主語となる。

❻ 「私は読書を通して英語を学びました」という意味。

❼ 「…と話す」talk with ...

❻ ❶ 「…になりたい」はI want to be ...で表す。

❷ think (that)のあとに「それはおもしろい（です）」がくる。

❸ 「日本語を話すことは難しいですか」という意味。be動詞を使って答える。

❹ 「あなたは今日の午後に何をする必要がありますか」という意味。「手伝う」help

❼ ❶ 「…して」と感情の原因を表す不定詞を使った文。to以下の内容を受けて，「私はとても幸せです」という意味になる。

❷ to buyは「…するために」という動作の目的を表す不定詞。

❸ 「…すること」を表す不定詞がlikeの目的語になっている。

❹ to translate this bookが主語である。

❺ many things「たくさんのこと」をto do「するべき」が修飾している。

❻ think (that) ...「…と思う」の内容として，〈It is ... to ～〉「～することは…です」という文がある。to think about my future「私の将来について考えること」，important「重要な」という意味。

❼ ここでのwillは「…するつもりです」という意志の意味。becauseは「（なぜなら）…だから」と理由を表す。

❽ be surprised to ...「…して驚く」

❽ ❶ 〈It is ... to ～〉「～することは…です」

❷ 「…するために」という動作の目的を表すtoを使って，「何冊か本を借りるために」はto borrow some booksと表す。

❸ 「…しようとする」try to ...

❹ 「この辞書を使うことは必要です」と考える。

❺ 「…があります」はThere is ....で表す。「AとBの間に」between A and B

❻ look forward to ...の…に動詞がくる場合

は...ing形にする。

❾ ❶ want to ...「…したい」の否定文なので，do notをつける。

❷ Itから始める指示があるため，It is ... to ～の文にする。

❸ 感情の原因を表す不定詞を使い，「それを聞いて」の部分をto hear it[that]とする。

❹ 「…するために」という動作の目的を表す不定詞の副詞的用法を使う。「朝食を作るために」to make[cook] breakfast

pp.26-27　Step ❸

❶ ❶ According to　❷ in the future
　❸ I'm sorry

❷ ❶ We went to a gym to play volleyball(.)
　❷ Emma was surprised to know it(.)
　❸ It is difficult to teach them Japanese(.)

❸ ❶ ア　❷ エ

❹ ❶ ここに私たちの将来の仕事についての記事があります。

　❷ some jobs will disappear in the future

　❸ to

　❹ 翻訳家[通訳者]

❺ ❶ He wants to borrow some books.

　❷ She will go to a[the] park.

　❸ She wants to play tennis (with Kana).

考え方

❷ ❶ 「バレーボールをするために」は不定詞の副詞的用法を使う。

　❷ 感情の原因を表す「…して」という意味の不定詞を使った文。

　❸ 〈It is ... to ～〉「～することは…です」を使った文。〈teach + （人）+ （もの）〉「（人）に（もの）を教える」

❸ ❶ How's everything?「調子はどうですか」はあいさつで使われる表現。

　❷ 男の子は「きみの誕生日パーティーで楽しい時間を過ごしたよ」と言っているので，I'm happy to hear that.「それを聞いてうれしい」が最も適切。

❹ ❶ Here's[Here is] ...「ここに…がある」

❷ will は「…でしょう」という未来の予測を表す。will の後ろは動詞の原形を置くため，disappear「姿を消す，消滅する」を置く。

❸ be surprised「驚いている」が直前にあり，空欄の直後に see（動詞の原形）があることから，感情の原因を表す「…して」という意味の to を入れるのが適切。

❹ 朝美の2つめの発言で my dream job「私の夢の職業」が述べられている。

❺ ❶ 質問は「ケンは図書館で何をしたいですか」「何冊か本を借りる」borrow some books

❷ 質問は「エミは午後にどこに行きますか」

❸ 質問は「エミは午後何をしたいですか」「カナとテニスをする」play tennis with Kana

Let's Read 1

pp.29-31　Step ❷

❶ ❶ 知恵，英知　❷ しかしながら，けれども
❸ どこでも，いたるところに[で]
❹ ごく小さい　❺ 最後には，ようやく
❻ heavy　❼ ground　❽ effort　❾ light
❿ move

❷ ❶ ○　❷ ×　❸ ×　❹ ○

❸ ❶ ウ　❷ エ　❸ ウ　❹ ア
❺ イ　❻ エ　❼ イ

❹ ❶ at night　❷ time to　❸ long ago
❹ For example　❺ Some of
❻ result of　❼ by little

❺ ❶ in　❷ at　❸ of　❹ to

❻ ❶ 私のお母さんは私がテレビを見ていたときに帰宅しました。
❷ 私は小学校で英語を勉強し始めました。
❸ 彼は何冊かのおもしろい本を私にくれました。
❹ アキラはその山に登ろうとしました。

❼ ❶ It is good to read many books(.)
❷ I used this dictionary to do my homework(.)
❸ He went shopping when it was sunny(.)
❹ I bought my sister a hat(.)

❺ When did people start to speak languages(?)
❻ What will you give your father(?)
❼ It's time to open the shop(.)

❽ ❶ I will show her this picture[photo].
❷ He visited Italy when he was 10[ten] years old. [When he was 10[ten] years old, he visited Italy.]
❸ I went to a[the] gym to play badminton.
❹ It's[It is] interesting to know foreign culture(s).

考え方

❸ ❶ even now「今でも」
❷ however「しかしながら」
❸ easily「簡単に」
❹ ago「(今から)…前に」
❺ 〈It is ... to 〜〉「〜することは…です」
❻ time keeping「時間の計測」
❼ without ... は「…なしで[に]」という意味。without saying a word「何も言わずに」

❹ ❺ 「…のうちいくつか[いく人か]」は some of ... という表現なので，…に入る語は複数形になる。

❺ ❶ 「世界で」in the world
❷ 「最初は，はじめのうちは」at first，be interested in ...「…に興味がある」
❸ some of ...「…のうちいくつか[いく人か]」
❹ begin to ...「…し始める」

❻ ❶ when は「…(の)ときに」という意味を表す。
❷ start to ... で「…し始める」という意味。
❸ 〈give＋(人)＋(もの)〉で「(人)に(もの)を与える」という意味になる。gave は give の過去形。
❹ try to ...「…しようと試みる，努力する」

❼ ❶ 〈It is ... to 〜〉「〜するのは…です」という語順にする。
❷ 動作の目的を表す不定詞を使った文。「宿題をするために」to do my homework
❸ 「…(の)ときに」は when を使って表す。
❹ 「(人)に(もの)を買う」は〈buy＋(人)＋(も

の)〉で表す。

❺「いつ…しましたか」はWhen did …?で表す。「…し始める」はstart to …となる。

❻whatを文のはじめに置き，willを使った疑問文を作る。「(人)に(もの)を与える」は〈give + (人) + (もの)〉となる。

❼「…すべき時だ」はIt's time to …で表す。

❽ ❶〈show + (人) + (もの)〉で「(人)に(もの)を見せる」という意味になる。語順に注意する。

❷「彼は10歳のとき」はwhenを使って表す。

❸「…するために」と動作の目的を表す不定詞の副詞的用法を使った文。「バドミントンをするために」をto play badmintonと表す。

❹It is … to 〜で「〜することは…です」という意味。「外国の文化を知ること」はto know foreign culture(s)で表す。

Unit 4 〜 Grammar for Communication 4

pp.34-37 **Step ❷**

❶ ❶ひとりで，ただ…だけ ❷趣味
❸…を傷つける ❹完全な，完ぺきな，最適な
❺…に従う，…を守る ❻…を終える
❼注意深く ❽rule ❾save ❿plate
⓫couple ⓬member
⓭young ⓮bored

❷ ❶イ ❷イ ❸ア ❹ア

❸ ❶ウ ❷イ ❸イ ❹ウ ❺ア

❹ ❶one of ❷may be ❸going out
❹each other ❺forward to ❻After all
❼must not ❽member of ❾Both
❿doesn't have to

❺ ❶playing ❷mustn't ❸must
❹Speaking

❻ ❶No, you don't[do not] (have to wash your clothes).
❷I have to make breakfast (every day).
❸Yes, he will (visit the U.S. next week).

❼ ❶私は今日すべきことがありません。
❷テレビゲームをするのはおもしろくないですか。
❸このカメラを使うことは難しいです。
❹彼女は海で泳ぐのを楽しみました。

❺私は新しいマンガ本を読むのを楽しみに待っています。
❻私のお父さんはチーズが好きではないかもしれません。
❼すばらしいプレゼントをありがとうございます。
❽(いっしょに)学校に行きませんか。
❾歌うのをやめてください。
❿ドアを開けてもよいですか。

❽ ❶I finished reading the book (yesterday.)
❷He is good at playing the guitar(.)
❸Yuki does not have to get up early(.)
❹The students must not use this room(.)
❺Working with you is a good experience(.)
❻I want to keep communicating with foreign people(.)

❾ ❶You don't[do not] have to be quiet.
❷Listening to music is my hobby.
❸I enjoyed talking with her.
❹You mustn't[must not] run here.

考え方

❸ ❶keep …ing「…し続ける」
〈動名詞が目的語になる動詞の例〉

> ・enjoy …ing「…することを楽しむ」
> ・finish …ing「…し終える」
> ・stop …ing「…するのをやめる」
> ・like …ing「…するのが好きだ」

❷Why don't we …?「(いっしょに)…しませんか」

❸during「…の間ずっと」の後ろには名詞の働きをする語句を置く。

〈覚えておくべき助動詞の働きと意味〉

助動詞	働き	意味
can	能力・可能	…することができる
	許可	…してもよい
will	意志・予測	…するつもりだ，…だろう
may	推量	…かもしれない
	許可	…してもよい
must	義務	…しなければならない

❹ ❶「…の 1 つ［1 人］」は one of ... で表すことができる。…に入る語句は複数形になることに注意。

❷「…かもしれない」という推量の意味は助動詞 may を使う。may の後ろは動詞の原形を置く。

❸「外出する」は go out。過去進行形なので going とする。

❺ look forward to ...「…を楽しみに待つ」の…に動詞がくる場合は...ing 形にする。

❼ must not は「…してはいけない」という禁止の意味。

❾ both ... and ～「…も～も両方」

❿「…しなくてよい」は have to の否定文。主語が三人称単数なので doesn't を使う。

❺ ❶ to play baseball「野球をすること」を動名詞を使って playing baseball にする。

❷ must not の短縮形は mustn't となる。

❸「…しなければならない」という必要性や義務を表す have to は must に書きかえることができる。

❹ to speak を動名詞 speaking にする。

❻ ❶ 否定の答えには don't を使う。

❷「…しなければならない」は have[has] to ...

❸ Will ...? には will を使って答える。

❼ ❶ to do「すべき」が nothing を修飾。

❷〈It isn't ... to ～〉「～することは…ではない」の疑問文。

❸ 動名詞が主語の文。using は use の...ing 形。

❹ enjoy ...ing「…して楽しむ」の過去の文。

❺ look forward to ...「…を楽しみに待つ」の現在進行形の文。

❻ ここでの may は「…かもしれない」と推量の意味を表している。may not で「…ではないかもしれない」と否定の意味を表す。

❼ Thank you for ...「…をありがとうございます」

❽ Why don't we ...?「（いっしょに）…しませんか」

❾ stop ... ing「…をやめる」の命令文。

❿ May I ...?「…してもよいですか」

❽ ❶「…し終える」finish ...ing

❷「…がじょうずだ，得意だ」be good at ...

❸〈have[has] to ＋動詞の原形〉「…しなければならない」の否定文は do[does] not have to ... となる。

❹ must not は禁止を表す。

❺「あなたといっしょに働くこと」working with you が主語。

❻ want to ...「…したい」のあとに keep ... ing「…し続ける」を置く。

❾ ❶「…しなくてもよい」do[does] not have to ... のあとには動詞の原形が続くので，be quiet「静かにする」となる。

❷「音楽を聞くこと」listening to music

❸ enjoy ...ing「…して楽しむ」の過去形なので，enjoyed にする。

❹ must not「…してはならない」を使う。

pp.38-39　Step ❸

❶ ❶ After all　❷ went out
　❸ One of

❷ ❶ We will enjoy playing baseball(.)
　❷ You do not have to speak English(.)
　❸ He must make lunch(.)

❸ ❶ イ　❷ ア

❹ ❶ 6 時までに家に帰らなければならない（こと）。
　❷ 少し早くないですか。
　❸ you must not go out alone(.)
　❹ 夕食を食べる。

❺ ❶ I have to make breakfast.
　❷ I have to study English.
　❸ I have to practice the piano.

考え方

❷ ❶「…をして楽しむ」enjoy ...ing
　❷「…しなくてもよい」という不必要の意味は do[does] not have to ... で表す。
　❸ must「…しなければならない」

❸ ❶ 体育館が使えるので，いっしょにバスケットボールをしようと，男の子が女の子を誘っている。
　❷ May I ...?「…してもよいですか」とたずねる

10

表現。Sure.「いいですよ」が適切。

❹ ❶ ウィルソンさんの最初の発言で，You must come home by six.とあるので，これが家のルールであることがわかる。

❸ must not ...で「…してはならない」という禁止の意味を表す。

❹ ウィルソンさんの2つめの発言で，「6時に夕食にします」とある。

❺ ❶ 質問は「朝に何をしなければなりませんか」という意味。「朝食を作る」make breakfast

❷ 質問は「あなたは6時に何をしなければなりませんか」という意味。「英語を勉強する」study English

❸ 質問は「夜に何をしなければなりませんか」という意味。「ピアノの練習をする」practice the piano

Unit 5 ～ Let's Talk 3

pp.42-45　**Step 2**

❶ ❶ ふつうの，よくある，共通の
❷ …を取り除く　❸ 特色，特徴　❹ 子供のころ
❺ society　❻ product　❼ east　❽ staff
❾ professor　❿ found

❷ ❶ ×　❷ ○　❸ ○　❹ ×　❺ ×　❻ ×

❸ ❶ ウ　❷ ア　❸ ア　❹ イ　❺ エ　❻ ア

❹ ❶ what to　❷ when to　❸ over here
❹ does, take　❺ sure that　❻ get to

❺ ❶ In　❷ by　❸ to　❹ for

❻ ❶ that　❷ where　❸ how

❼ ❶ No, I'm[I am] not (sure that I will win the contest).

❷ It takes about 20[twenty] minutes.

❸ Yes, I am (glad that I could get a new bicycle).

❽ ❶ 私はこのコンピュータの使い方がわかりません。

❷ 私に図書館への行き方を教えてくださいませんか。

❸ 私のお父さんは道があまりにも混雑していたことに驚きました。

❹ 1880年代にたくさんの人々がその製品を使いました。

❺ 私の同級生が私に数本の花をくれてうれしかったです。

❻ 彼女があなたにどこで教科書を買えばよいかを教えるでしょう。

❼ 私は彼がよい先生になると確信しています。

❽ 私はこれらの文をどのように翻訳するのか学びたいです。

❾ ここからだいたい10分くらいかかるでしょう。

❿ 私たちにどの地図を使うべきか示してください。

❾ ❶ He is sure that this invention is wonderful(.)

❷ I will teach you how to play the guitar(.)

❸ Do you know how to get to the City Hospital(?)

❹ Tell me what to do(.)

❺ Do you know when to leave your house(?)

❻ She told me where to find mushrooms(.)

❿ ❶ I can show you how to use the wheelchair.

❷ She is sure that the movie is interesting.

❸ Do you know how to play the game?

❹ He told me where to see the drama.

❺ Could you tell me how to get to the bus stop?

考え方

❸ ❶ look for ...「…を探す」
❷ think (that) ...で「…だと思う」という意味。
❸ thanks to ...「…のおかげで」
❹ Could you ...?「…してくださいませんか」
❺ be glad that ...「…してうれしい」
❻ 「どの…」はwhichで表すことができる。

❹ ❶ 「何を…すべきか」は〈疑問詞what＋to＋動詞の原形〉を使って表すことができる。
❷ 「いつ…すべきか」は〈疑問詞when＋to＋動詞の原形〉で表す。
❹ 「どのくらい時間がかかりますか」と言いたいときには，How long does it take?と聞く。

11

❺ be sure that ...で「きっと…だ」と確信することがらを表すことができる。

❻ get to ...「…に着く，到着する」は，go to ...よりも，最終的に目的としていた場所に着くことを意識するので，道をたずねるときに使うことが多い。

❺ ❶「…年代に」はin the ...sで表す。1990sのように年号の後ろにsをつけると，「1990年代」という意味になる。

❷ ここでのbyは「…のそばに」という意味。

❸ start to ...「…し始める」

❹ ここでのforは「…のために」という意味。

❻ ❶ 上の文は「試合に勝つことができたのでうれしい」という意味。thatを使って「…してうれしい」という表現にする。

❷ 上の文は「私たちは橋で会いましょう」という意味。下線部であるat the bridgeは場所なので，「どこで…すべきか」と場所をたずねる。〈疑問詞where + to + 動詞の原形〉で表すことができる。

❸ way to ...で「…する方法」という意味。「入手する方法」を「どのように入手するか」という意味にとらえてhow toを使って表す。

❼ ❶ Are you sure ...?は「あなたはきっと…だと確信していますか」という意味。答え方は，Yes, I am.またはNo, I'm[I am] not.となる。

❷ It takes ...で「（時間などが）…かかる」という表現。

❸ 質問は「あなたは新しい自転車を手に入れることができてうれしいですか」という意味。

❽ ❶ how to use ...で「どのように…を使うか」という意味。

❷〈tell + （人）+ 疑問詞how + to + 動詞の原形〉「（人）に（どのように…するか）を教える」

❸ be surprised that ...「…して驚く」

❹ In the 1880sは「1880年代に」という意味。

❺ be glad that ...「…してうれしい」。〈give + （人）+ （もの）〉で「（人）に（もの）をあげる」となる。

❻〈tell + （人）+ 疑問詞 + to + 動詞の原形〉で「（人）に（どのように…するか）を教える」と

いう意味になる。〈疑問詞where + to + 動詞の原形〉で「どこで…したらよいか」という意味。

❼ be sure that ...「…だと確信する，きっと…だ」

❽ how to ...「どのように…するか」

❾ It takes ...で「（時間が）…かかる」という意味。ここでは推測の意味のwillが使われているので，「…かかるでしょう」という意味になる。

❿〈疑問詞which ... + to + 動詞の原形〉「どの…を〜すべきか」

❾ ❶「きっと…だ」be sure that ...

❷「ギターの弾き方」は「どのようにギターを弾くか」と考えて，how to play the guitarとする。

❸ how to get to ...「…への行き方」

❹「何を…すべきか」は〈疑問詞what + to + 動詞の原形〉で表す。

❺「あなたは…を知っていますか」と知っているかどうかを問う疑問文なので，doを文のはじめに置く。「いつ…すべきか」は〈疑問詞when + to + 動詞の原形〉

❻〈tell + （人）+ 疑問詞where + to + 動詞の原形〉の語順。

❿ ❶〈主語 + 動詞 + （人）+ 疑問詞 + to + 動詞の原形〉で「（人）に（どのように…するか）を〜する」という意味になる。「見せる」はshow,「使い方」は「どのように使うか」と考えて，how to useと表す。

❷「きっと…だ」はbe sure that ...で表す。

❸「そのゲームの遊び方」は「どのようにそのゲームを遊ぶか」と考えて，how to play the gameとする。

❹「…する場所」は「どこで…するか」と考える。「その劇を見る」see the drama

❺ Could you ...?で「…してくださいませんか」と相手にお願いする表現。「バス停への行き方」はhow toを使って表す。

pp.46-47　Step ❸

❶ ❶ over here　❷ take
❷ ❶ Tell me where to meet(, please.)
　❷ Do you know how to make this dish(?)
　❸ I'm glad that I got your advice(.)
❸ ❶ ウ　❷ エ
❹ ❶ でこぼこのおかげで，私たちはそれを簡単に
　開けることができます。
　❷ 点字
　❸ where to find universal design facilities
❺ ❶ I want to know how to make spaghetti.
　❷ I want to know where to learn the violin.
　❸ I want to know what to buy to make
　sukiyaki.
　❹ I want to know when to see a[the] movie.

───

考え方

❷ ❶「どこで…するか」はwhere toで表す。
　❷「この料理の作り方」は「どのようにこの料
　理を作るか」と考えて，how toを使う。
　❸「…してうれしい」は〈主語＋be動詞＋形容
　詞glad＋that ...〉で表す。
❸ ❶ 女性は「ここからだいたい5分かかります」
　と言っているので，男性の発言は「どれく
　らい時間がかかるのか」が適切。
　❷ 女の子は「人々はそれをいつ使い始めまし
　たか」とたずねている。年号にsがつくと，
　「…年代」という意味になる。
❹ ❶ thanks to ...「…のおかげで」
　❷ スタッフの2つめの発言で，It also has
　braille for blind people.とあるため，点
　字があることがわかる。
　❸〈疑問詞where＋to＋動詞の原形〉で「どこ
　で…するか」→「…する場所」を表す。
❺ ❶「スパゲッティの作り方」はhow toを使っ
　てhow to make spaghettiとする。
　❷「バイオリンを習う場所」は「どこでバイオ
　リンを習うべきか」と考え，where to learn
　the violinとする。
　❸「作るために」は不定詞の副詞的用法で表す。

「買うもの」は「何を買うべきか」と考える。
　❹「いつ…するべきか」〈疑問詞when＋to＋
　動詞の原形〉を使ってwhen to see a[the]
　movieと表す。

Unit 6 ～ Stage Activity 2

pp.50-53　Step ❷

❶ ❶ 近所の人，隣人　❷ グラフ，図表
　❸ サイズ，寸法　❹ 喜劇，コメディー
　❺ 中身，内容　❻ 文字　❼ price　❽ quiz
　❾ story　❿ goods　⓫ answer　⓬ spoke
❷ ❶ ア　❷ イ　❸ イ　❹ ア
❸ ❶ ア　❷ ウ　❸ エ　❹ エ　❺ ウ　❻ ウ
❹ ❶ result of　❷ More than　❸ feel like
　❹ How much　❺ such as　❻ As for
❺ ❶ or　❷ as　❸ of　❹ for
❻ ❶ not　❷ most　❸ shorter　❹ best
❼ ❶ I like dogs the best.
　❷ I like soccer better than tennis.
　❸ I'm[I am] looking for a bag.
　❹ It's[It is] thirty dollars.
❽ ❶ 彼はメグよりも速く泳ぐことができます。
　❷ この本はあの本よりもおもしろいです。
　❸ 私のお父さんはアクション映画がいちばん
　好きです。
　❹ あなたといっしょに行きましょうか。
　❺ あなたはエミと同じくらい速く走ることがで
　きますか。
　❻ この傘はいくらですか。
　❼ 私は彼のスピーチは私のよりもよかったと
　思います。
　❽ この城とあの城では，どちらがより有名ですか。
　❾ 私はあなたほどじょうずにギターをひくこと
　ができません。
❾ ❶ I got up earlier than Yumi(.)
　❷ This song is the most popular in the
　world(.)
　❸ I like winter the best of all seasons(.)
　❹ He is as tall as my father(.)
　❺ Kenta is the best baseball player in
　my class(.)

⑥ What is the highest mountain in Japan(?)

⑦ The soccer game was the most exciting this year(.)

⑩ ❶ What sport do you like the best?

❷ This drama is as interesting as that one.

❸ Shall I show you my notebook?

❹ I think (that) this picture is the most beautiful in the museum.

考え方

❸ ❶ What kind of ...?「どんな種類の…ですか」

❷ a surprise to ...「…には驚くべきこと」

❸ Shall I ...?「…しましょうか」

❹ Thank you for ...「…をありがとうございます」

❺ Can I try ... on?「…を試着してもよいですか」

❻「…して」という感情の原因を表す不定詞。

❹ ❷ more than half「半分以上」

❸ feel like ...ing「…したい気がする」

❺ ❶ Which is ..., A or B?で「AとBのどちらが…ですか」という意味。

❷ as ... as ～「～と同じくらい…」

❸「～の中で」はofを使って表す。

❹ 空欄の後ろがhelpingで動詞の...ing形になっているので，Thank you for ...「…をありがとうございます」が適切。

❻ ❶ as ... as ～「～と同じくらい…」の否定文はnot as ... as ～で「～ほど…ではない」という意味。

❷ popular「人気のある」はつづりの長い形容詞なので，比較級がmore popular，最上級はmost popularとなる。

〈比較級，最上級にmore, the mostを使う語の例〉

- interesting「おもしろい，興味深い」
- important「重要な，大切な」
- exciting「興奮させるような」
- famous「有名な」・beautiful「美しい」
- useful「役に立つ」・necessary「必要な」
- careful「注意深い」

❸「この橋」は「あの橋」より長い→「あの橋」は「この橋」より短いということ。shortの比

較級shorterが適切。

❹ wellの最上級はbestとなる。

❼ ❶「私は…がいちばん好きです」はI like ... the best.と言う。

❷「～よりも…が好き」は，like ... better than ～と表すことができる。

❸「さがしている」と進行形の意味にするので，I am looking for ...となる。

❹ It's[It is] ....で答える。dollarsと複数形にすること。

❽ ❶ fasterはfast「速い」の比較級。可能の意味の助動詞canがあるので，「～よりも…できる」という意味になる。

❷ 代名詞oneは前に出てきた名詞のかわりをする。that one = that book

❸ like ... the bestは「いちばん…が好きです」という意味。

〈注意するべき比較変化〉

	比較級	最上級
hot(熱い，暑い)	hotter	hottest
big(大きい)	bigger	biggest
early(早く)	earlier	earliest
easy(やさしい)	easier	easiest
good(よい)	better	best
well(じょうずに)	better	best

❹ Shall I ...?「…しましょうか」と相手に申し出るときの表現。

❺ as ... as ～は「～と同じくらい…」

❻ How much ...?は「…はいくらですか」と値段をたずねる表現。

❼ I think (that) ...「私は…と思う」のthatが省略された文。mineはmy speechを指す。

❽ Which is ..., A or B?「AとBのどちらが…ですか」

❾ as ... as ～は「～と同じくらい…」という意味。…に形容詞または副詞の原級が入る。

❾ ❶ earlierはearlyの比較級。

❷ popularの最上級most popularは「いちばん人気」という意味になる。

❸「…の中で」はof ...で表す。「すべての季節

14

の中で」はof all seasons，「…がいちばん好き」はlike … the bestと表す。

❹ as … as 〜「〜と同じくらい…」はasの間は原級であるtallを入れる。

❺ 〈the best＋名詞〉で「いちばんの〜」という意味になる。the best baseball playerで「いちばんの野球選手」→「いちばん野球がじょうず」を表す。

❻「…は何ですか」はWhat is …?で，「いちばん高い山」はthe highest mountainと表す。highestはhigh「高い」の最上級。

❼ excitingは比較級がmore exciting，最上級がmost excitingとなる。

❿❶「あなたは何のスポーツが好きですか」はWhat sport do you like?なので，「いちばん好き」という意味のthe bestをつける。

❷「〜と同じくらい…」はas … as 〜の形を使う。

❸「…しましょうか」Shall I …?を使う。「(人)に(もの)を見せる」〈show＋(人)＋(もの)〉

❹「私は…と思う」はI think (that) …となる。beautifulはつづりの長い形容詞なので，最上級はmost beautifulとなる。

pp.54-55　Step ❸

❶❶ as, result　❷ such as

❷❶ This quiz is the most difficult(.)
❷ I can't swim faster than Ken(.)
❸ What food do you like the best(?)
❹ I can't draw a picture as well as you(.)

❸❶ ア　❷ エ

❹❶ あなたはどんな種類の映画が好きですか。
❷ あなたはなぜＳＦ映画が好きなのですか。
❸ more interesting than other movies
❹ the most interesting

❺❶ I like pandas the best (of all animals).
❷ I like soccer better (than basketball).
❸ I like blue the best (of all colors).

──────────────────

考え方

❷❶ difficultはつづりの長い語なので，比較級がmore difficult，最上級がmost difficult

────────────────

となる。

❷「ケンよりも速く」faster than Ken

❸ What … do you like the best?で「あなたは何の…がいちばん好きですか」という意味。

❹「私は絵をかくことができません」はI can't draw a pictureと表す。「あなたほどじょうずに」はas … as 〜「〜と同じくらい…」を使ってas well as youとする。

❸❶ 男性が「それは20ドルです」と答えていることから，女性は値段をたずねていることがわかる。How much is this book?「この本はいくらですか」が適切。

❷ 女性が「ただ見ているだけです」と言っていることから，お店での会話であることがわかる。May I help you?は店員が客への声かけとしてよく使う表現。

❹❶ What kind of …「どんな種類の…」

❷ themは最初のアサミの発言にあるscience fiction movies「ＳＦ映画」を指す。

❸ 〈比較級＋than 〜〉の語順。interestingはつづりの長い形容詞なので，比較級はmore interestingとなる。

❹「最もおもしろい」なので〈the＋最上級〉とする。

❺❶ 質問は「あなたは何の動物がいちばん好きですか」という意味。「私はいちばん…が好きです」I like … the best.

❷ 質問は「あなたはサッカーとバスケットボールではどちらが好きですか」という意味。メモから，サッカーの方が好きだとわかる。

❸ 質問は「あなたは何色がいちばん好きですか」という意味。「青色」blue

Let's Read 2

pp.57-59　Step ❷

❶❶ 目がさめる　❷ ポケット
❸ (〜に)…をおくる，(人)を行かせる
❹ かつて，以前，昔　❺ 彼女自身，自ら
❻ realize　❼ pay　❽ inside　❾ note
❿ wonder

❷❶ ○　❷ ×

15

❸❶イ　❷ア　❸ウ

❹❶about to　❷a few　❸afraid to
❹glass of　❺front of

❺❶with　❷to　❸for　❹in　❺by

❻❶no　❷had　❸to

❼❶彼の親切(な行為)のおかげで, 私はホーム
ステイの間順調にやりました。
❷私はタケシより速く泳ぐことができます。
❸その少年は, 「私はテレビゲームがしたいで
す」と言いました。
❹あなたはここでは英語を話す必要はありません。
❺私は何冊か本を読むために図書館に行きた
いです。
❻彼女は私にたくさんの硬貨をくれました。

❽❶There were a few cats when he went to
the park(.)
❷This quiz is much easier than that one(.)
❸I hope that she will win the game(.)
❹She had to go out at six o'clock(.)
❺The clerk brought me a nice sweater(.)
❻He will climb the mountain to take
some pictures(.)
❼I missed the train because I couldn't
get up early(.)

❾❶He enjoyed playing tennis yesterday.
❷Mika can sing (a song) better than Ken.
❸She has to make breakfast every
morning.
❹When he was 25[twenty-five] years
old, he became a teacher.[He became
a teacher when he was 25[twenty-five]
years old.]

考え方

❸❶「…して」と感情の原因を表す不定詞を使っ
た文。
❷duringの後ろに〈主語＋動詞〉はこない。「…
(の)ときに」を表すwhenは後ろに〈主語＋
動詞〉を置くことができる。
❸giveの直後に(人)ではなく(もの)を置くと
き, 〈to＋(人)〉となる。

❹❸「…するのがこわい」be afraid to …
❹「コップ１杯(の量)の」a glass of

❺❶「にっこり笑って」with a smile
❷「…する必要がある」need to …
❸「…を気の毒に思う」be sorry for …
❹「全部」in full
❺「(時間が)過ぎる」go by

❻❶「お金がない」という意味になるように, 名詞
のmoneyに否定の意味を表すnoをつける。
❷〈have[has] to＋動詞の原形〉の過去形は
have[has]をhadに変える。
❸上の文は「彼はこの映画を見たので悲しく
なった」という意味。「…して」という感情の
原因を表すtoを使う。

❼❶thanks to …「…のおかげで」, do well「順
調にやる」
❷fasterはfast「速く」の比較級。
❸～ said, " … "は「～は…と言った」という意
味。クォーテーションマーク(" ")内の文が
発言の内容になる。
❹don't[do not] need to …「…する必要はな
い」という意味。
❺to read some booksで「何冊かの本を読
むために」という意味。
❻giveの後ろの語が〈(もの)(人)〉の順にな
ると, 〈give＋(もの)＋to＋(人)〉となり,
toが必要。gaveはgiveの過去形。

❽❶「…がある[いる]」はThere is[are] ….で表
す。ここでは過去の文なので, There were
….となる。
❷強調の意味のmuchは比較級の前において,
「ずっと」という意味になる。
❸hope (that) …「…ということを望む, 願う」
という意味。このthatは省略できる。
❹〈have to＋動詞の原形〉「…しなければな
らない」の過去形は, 〈had to＋動詞の原
形〉となる。「外出する」go out
❺〈bring＋(人)＋(もの)〉で「(人)に(もの)を
持ってくる」という意味。
❻「…でしょう」は〈will＋動詞の原形〉で表す。
「…するために」は不定詞のtoを使う。

❼「早く起きることができなかったので」という理由を述べている部分をbecause I couldn't get up earlyと表す。becauseの部分は文の前半にも置くことができるが，文の区切りに必ずコンマが必要。カッコ内にはコンマがないので文の後半に置く。

❾ ❶ 過去の文なのでenjoyed ... ingとなる。

❷ 比較の文なのでwell「じょうずに」の比較級betterを使う。「…できる」can

❸〈have to＋動詞の原形〉「…しなければならない」を使った文。主語が三人称単数なのでhasを使う。「朝食を作る」はmake breakfastで表す。

❹「…（の）ときに」はwhenを使って表すことができる。whenの後ろは〈主語＋動詞～〉の形となる。whenの部分を文の前半に置く場合はWhen he was 25 years old, のように文の区切りにコンマが必要になるので注意。

Unit 7 ～ Stage Activity 3

pp.62-65　Step ❷

❶ ❶ 世界中に，世界的に　❷（草木の）葉
❸ …を（文化財のリストに）載せる
❹ 自分自身の，独自の　❺ …を決める
❻ 特有の，独特な　❼ 神聖な　❽ forest
❾ natural　❿ sight　⓫ serious　⓬ type
⓭ similar　⓮ beauty

❷ ❶ ア　❷ イ　❸ ア　❹ ア　❺ ア　❻ ウ

❸ ❶ イ　❷ ウ　❸ エ　❹ エ

❹ ❶ because of　❷ For one　❸ all over

❺ ❶ would　❷ May　❸ will　❹ must

❻ ❶ be　❷ by　❸ Was　❹ held
❺ Is　❻ What　❼ want

❼ ❶ Yes, they were.
❷ It was built in 1750.
❸ They were used in our school.
❹ No, it isn't (loved by my sister).

❽ ❶ 今週末に祭りが開かれるでしょう。
❷ この話は世界中で知られています。
❸ 月は私の家から見られないです。

❹ 私とおどりませんか。
❺ その試合は多くの子供たちによって見られました。
❻ 私たちは海で泳ぐ予定です。
❼ いくつかの市が会議で選ばれました。
❽ その規則はいつ決められましたか。

❾ ❶ The new school will be built next year(.)
❷ The movie was seen by a lot of women(.)
❸ Many languages are used at the conference(.)
❹ Were many Japanese books translated(?)
❺ These animals must be preserved(.)
❻ The singer will be loved by a lot of people(.)
❼ Do you want to go shopping with us?

❿ ❶ When was this temple built?
❷ This dictionary is used by my sister.
❸ The sunrise can be seen from here.
❹ The library is visited by many[a lot of] students.

考え方

❸ ❶ How is ...? で「…はどうですか」と様子をうかがう表現。
❷「…（場所）で」と表す場合，国や都市にはinを使う。

〈不規則動詞の過去分詞の例〉

原形	過去形	過去分詞
know（…を知っている）	knew	known
take（…を取る）	took	taken
hold（…を開く）	held	held
see（…を見る）	saw	seen
build（…を建てる）	built	built

❸ be thinking of ...「…をする予定だ」
❹ May I speak to ..., please? は「…をお願いします」という意味で，電話で話したい相手とつないでもらいたいときに使われる表現。

❹ ❸ all over「…のいたるところに[で，の]」

❺ ❶ would like to ...「…したい（のですが）」

❷ May I ...?「…してもよいですか」

❸「私は明日晴れることを望んでいます」という意味の文。ここでのwillは文脈から未来を表すことがわかる。

❹「…されなければならない」は〈助動詞must + be + 過去分詞〉で表す。

❻ ❶ 助動詞つきの受け身の文は，〈助動詞 + be + 過去分詞〉の語順になるので，can be seen「見られる」となる。

❷「…によって」はby ...で表すことができる。

❸ 受け身〈be動詞 + 過去分詞〉の疑問文では，be動詞が主語の前に出るので，wasを文のはじめに置く。

❹ 上の文は「私たちは来週コンテストを開催する予定です」という意味。holdの過去分詞はheld

❺ 受け身〈be動詞 + 過去分詞〉の疑問文では，be動詞が主語の前に出るので，isを文のはじめに置く。

❻ 上の文は「そのネコはタマと呼ばれています」なので，「そのネコは何と呼ばれていますか」という文にする。

❼ Why don't we ...?は「（いっしょに）…しませんか」という意味。相手を誘うときにDo you want to ...?と表すこともできる。

❼ ❶ 質問は「これらの写真はあなたのお父さんによって撮られたものですか」という意味。主語が三人称複数なので，areを使って答える。

❷ 質問は「この城はいつ建てられましたか」という意味。「…年に」はinを使って表す。

❸ 質問は「これらのいすはどこで使われましたか」という意味。「私たちの学校で」はin our school

❹ isで始まる疑問文にはisを使って答える。

❽ ❶〈助動詞will + be + 過去分詞〉の形を使った文。「…されるだろう」という意味。

❷ knownはknow「知っている」の過去分詞。all over the world「世界中で」

❸〈助動詞can + be + 過去分詞〉を使った文。不可能の意味を表すcannotなので，cannot be seenで「見られない」という意味になる。

❹ Do you want to ...?で「…しませんか」と相手を誘う表現。

❺ by ...で「…によって」を表す。childrenはchildの複数形。

❻ be thinking of ...「…する予定だ」

❼ were selectedで「選ばれた」という意味。

❽ whenで始まる受け身の疑問文。「いつ…されましたか」となる。

❾ ❶「建てられる」は受け身なので，build「建てる」の過去分詞builtを使う。未来を表す助動詞willを使うので，〈助動詞 + be + 過去分詞〉の形よりwill be builtとなる。

❷「見られました」は過去の受け身の文なので，〈be動詞の過去形 + 過去分詞〉の形にする。

❸「使われている」は受け身なので，are usedに。

❹ 受け身の疑問文なので，be動詞が主語の前に出る。

❺「…されなければならない」は助動詞mustを使って〈助動詞must + be + 過去分詞〉で表す。

❻「…されるでしょう」は〈助動詞will + be + 過去分詞〉で表す。

❼「…にしませんか」はDo you want to ...?で表す。「買い物に行く」はgo shopping

❿ ❶「いつ…ですか」という時をたずねる疑問文なので，文のはじめにwhenを置く。whenのあとには「建てられましたか」という受け身の疑問文が続く。受け身の疑問文は主語の前にbe動詞が出る。

❷「私の妹によって」はbyを使ってby my sisterと表す。

❸「見られます」は「見られることができる」と考えて，可能の意味の助動詞canを使う。〈助動詞can + be + 過去分詞〉の語順。

❹「訪れる」visitの過去分詞はvisited。

pp.66-67 **Step ❸**

❶ ❶ because of　❷ all over
❷ ❶ My car was washed by my father(.)
　❷ Are many forests preserved in that country(?)
　❸ The party will be held next month(.)
❸ ❶ ア　❷ イ
❹ ❶ 世界遺産
　❷ それらは自然遺産の地域として載せられていますか。
　❸ they are
　❹ Australia
❺ ❶ The park is visited by many[a lot of] tourists.
　❷ This temple was built 1000[a[one] thousand] years ago.
　❸ The festival will not[won't] be held this year.
　❹ Is this room used by Ken?

考え方

❷ ❶「…される」という受け身の文なので、〈be動詞＋過去分詞〉の形にする。
　❷ 受け身の疑問文なので、be動詞areが主語の前に出る。
　❸ 未来を表す助動詞のwillがついた受け身の文。助動詞つきの受け身の文は、〈助動詞＋be＋過去分詞〉の語順になる。heldはhold「…を開く、行う」の過去分詞。
❸ ❶ 電話での会話。Hello?は「もしもし」という意味。男の子が話したい相手につないでもらうため、女性にMay I speak to …, please?「…をお願いします」と言う表現が適切。他の選択肢は会話が成立しないため不適切。
　❷ 女の子はI'd like to.「したいです」と言っているので、Do you want to …?「…しませんか」と誘う表現が適切。Do you want to play tennis?で「テニスをしませんか」という意味。I'dはI wouldの短縮形。would

like to …「…したい」
❹ ❶ World Heritage site「世界遺産」
　❷ 受け身の疑問文は主語の前にbe動詞が出る。list「…を(文化財のリストに)載せる」、as「…として」
　❸ 直前の海斗の疑問文に対しての答えである。be動詞の疑問文でたずねられているので、答えはbe動詞を使って答える。主語はtheyなのでYes, they are.となる。
　❹ 最初の海斗の発言で、How was your vacation in Australia, Meg?「メグ、オーストラリアでの休暇はどうでしたか」とあるので、メグはオーストラリアに行っていたことがわかる。
❺ ❶〈be動詞＋過去分詞〉で受け身の文にする。
　❷「建てられた」は受け身で表す。build「建てる」の過去分詞はbuiltで、過去の文なのでwas builtとなる。
　❸ 未来を表す助動詞willを使った受け身の文にする。〈助動詞will＋be＋過去分詞〉の語順。「…ないでしょう」という否定の意味なので、will not[won't]にする。
　❹ 受け身の疑問文なので、be動詞が主語の前に出る。

Let's Read 3

pp.69-71 **Step ❷**

❶ ❶ 肉　❷ …を共有する　❸ 大学
　❹ 十分な、必要なだけの　❺ 帰る、戻る
　❻ …を集める、…をつむ
　❼ …を招待する、招く　❽ freedom
　❾ wrote　❿ tradition　⓫ past　⓬ wild
　⓭ warm　⓮ middle
❷ ❶ イ　❷ ア　❸ ア　❹ ア
❸ ❶ エ　❷ エ　❸ イ　❹ ウ　❺ ア
❹ ❶ for himself　❷ turned into
　❸ remind, of　❹ come true　❺ pass on
　❻ in, middle
❺ ❶ of　❷ as　❸ to　❹ without　❺ for
❻ ❶ seen　❷ when　❸ Does　❹ twice
❼ ❶ その寺はたくさんの人々によって訪れられて

います。

❷ 私はあなたにどのように写真を撮るか教える
つもりです。

❸ この歌はあの歌ほど有名ではありません。

❹ サッカーの試合はテレビで見られましたか。

❽ ❶ This watch is used by Ken(.)

❷ I learned how to use the computer(.)

❸ This mountain is twice as high as that one(.)

❹ What is the rabbit called(?)

❾ ❶ This school was built in 1990.

❷ My father is as tall as her brother.

❸ I don't[do not] know where to go.

考え方

❸ ❶ because of ...「…のために」

❷ 「タケシは友達の中にいました」という意味。

❸ as ... as ～では，asの間には原級が入る
ためoldが適切。

❹ 受け身の文では，「…によって(〜された)」
はbyを使って表す。

❺ mayは「…かもしれない」という推量の意味
を表す。他の選択肢は意味が通らないので
不適切。

❹ ❷ 「…になる，変わる」turn into ...。 過去形
はturned

❸ 「…に〜を思い出させる」remind ... of 〜

❺ ❶ take care of ...「…をだいじにする」

❷ asは「…として」という意味を持つ。

❸ 〈疑問詞 + to + 動詞の原形〉の文。「私はこ
のカメラをどのように使うのか知りたいで
す」という意味。

❹ without saying a word「何も言わずに」

❺ for herself「自分で，独力で」のherselfの
部分は，主語によってかわる。

❻ ❶ seeの過去形はsaw，過去分詞はseen。

❷ 「いつ…すればよいか」は〈疑問詞when + to
+ 動詞の原形〉で表すことができる。

❸ have[has] toの疑問文はDo[Does] ...
have to 〜? 主語が三人称単数なので
Doesを使う。

❹ 「〜より2倍…」はtwice as ... as 〜で表す。

❼ ❶ visitedはvisitの過去分詞。受け身の文な
ので「訪れられた」という意味になる。

❷ 〈tell + (人) + how to ...〉は「(人)にどのよ
うに…するかを話す[教える]」という意味。

❸ not as ... as 〜「〜ほど…ではない」

❹ 〈be動詞 + 過去分詞〉の受け身の文の疑問
文では，be動詞が主語の前に出る。ここ
では過去形のwasが使われているので，「…
されましたか」という意味。

❽ ❶ 「…によって」はbyを使って表す。

❷ 「どのように…するか」は〈疑問詞how + to
+ 動詞の原形〉で表す。

❹ The rabbit is called ___.の___をwhat
に置きかえて，whatで始まる疑問文にする。

❾ ❶ buildの過去分詞はbuiltで，「建てられた」
という過去の受け身の文なのでwas built
となる。

❷ 「〜と同じくらい…」はas ... as 〜を使う。

❸ 「どこに[で]…すればよいか」はwhere to
...で表す。

テスト前 ☑ やることチェック表

① まずはテストの目標をたてよう。頑張ったら達成できそうなちょっと上のレベルを目指そう。
② 次にやることを書こう（「ズバリ英語〇ページ，数学〇ページ」など）。
③ やり終えたら☐に✔を入れよう。
　　最初に完ぺきな計画をたてる必要はなく，まずは数日分の計画をつくって，
　　その後追加・修正していっても良いね。

目標

	日付	やること1	やること2
2週間前	／	☐	☐
	／	☐	☐
	／	☐	☐
	／	☐	☐
	／	☐	☐
	／	☐	☐
	／	☐	☐
1週間前	／	☐	☐
	／	☐	☐
	／	☐	☐
	／	☐	☐
	／	☐	☐
	／	☐	☐
	／	☐	☐
テスト期間	／	☐	☐
	／	☐	☐
	／	☐	☐
	／	☐	☐
	／	☐	☐

テスト前 ✓ やることチェック表

① まずはテストの目標をたてよう。頑張ったら達成できそうなちょっと上のレベルを目指そう。
② 次にやることを書こう（「ズバリ英語〇ページ，数学〇ページ」など）。
③ やり終えたら□に✓を入れよう。
　最初に完ぺきな計画をたてる必要はなく，まずは数日分の計画をつくって，
　その後追加・修正していっても良いね。

目標

	日付	やること1	やること2
2週間前	／	□	□
	／	□	□
	／	□	□
	／	□	□
	／	□	□
	／	□	□
	／	□	□
1週間前	／	□	□
	／	□	□
	／	□	□
	／	□	□
	／	□	□
	／	□	□
	／	□	□
テスト期間	／	□	□
	／	□	□
	／	□	□
	／	□	□
	／	□	□

英語2年 東京書籍版

チェック BOOK

■ テストに**ズバリよくでる**！
■ **重要単語・重要文**を掲載！

英語

東京書籍版

2年

赤シートで
何度でも！

Unit **0** My Spring Vacation

✓ **重要語** チェック 英単語を覚えましょう。

□（今から）…前に 圖ago
□到着する 動arrive
□化石 图fossil
□狩り，さがし求める 图hunting
　こと

□…を見つける，発見 動find
　する
□findの過去形 動found
□植物 图plant
□恐竜 图dinosaur
□ティラノサウルス 图tyrannosaurus

✓ **重要文** チェック 日本語を見て英文が言えるようになりましょう。

□人々はティラノサウルスを見て
　いました。
□福井にはよいレストランがたく
　さんあります。
□私は2年前に彼と会いました。
□彼女は駅に到着しました。
□昨日，彼女は病気でした。
□これらのパンはとてもおいし
　かったたです。
□古い寺があります。
□私はパーティーでよい時を過ご
　しました。

People <u>were</u> <u>looking</u> at the tyrannosaurus.
<u>There</u> <u>are</u> many good restaurants in Fukui.
I met him <u>two</u> <u>years</u> <u>ago</u>.
She <u>arrived</u> <u>at</u> the station.
She <u>was</u> sick yesterday.
These breads <u>were</u> delicious.

<u>There</u> <u>is</u> an old temple.
I <u>had</u> <u>a</u> good <u>time</u> at the party.

✓ 重要語チェック 英単語を覚えましょう。

[Unit 1]

□…を経験する	動experience
□外国[海外]への、海外の	形overseas
□シンガポール	名Singapore
□金色の、すばらしい	形golden
□休日、休暇	名holiday
□外国に[へ、て]、海外に[へ、て]	副abroad
□おば、おばさん	名aunt
□おじ、おじさん	名uncle
□夫	名husband
□妻	名wife
□遠くに[へ]	副far
□[単なる未来]…でしょう、…だろう [意志]…するつもりだ	助will
□シーフード	名seafood
□予約	名reservation
□メートル	名meter

□身長[高さ]が…ある	形tall
□…の重さがある	動weigh
□トン	名ton
□贈り物	名gift
□クッキー	名cookie
□rideの過去形	動rode
□恐ろしい、こわい	形scary
□連絡する、意思の疎通をする	動communicate
□文化	名culture
□マレー語	名Malay
□中国語	名Chinese
□タミル語	名Tamil

[Let's Talk 1]

□客、泊まり客	名guest
□店員、フロント係	名clerk
□エアコン、冷房	名air conditioner
□[返事で]承知しました	副certainly
□謝る、わびる	動apologize
□困難、面倒、迷惑	名trouble

✓ 重要文チェック 日本語を見て英文が言えるようになりましょう。

[Unit 1]

□私は来週シンガポールを訪れるつもりです。

I <u>am going to</u> visit Singapore next week.

□あなたは来週シンガポールを訪れるつもりですか。

<u>Are</u> you <u>going to</u> visit Singapore next week?

──はい，そのつもりです。 — Yes, I **am**.

──いいえ，そうてはありません。 — No, I **am** **not**.

□私が予約をしましょう。 I **will** make a reservation.

□私はあなたにマーライオンを見せましょう。 I will **show** you the Merlion.

□人々はそれをシンガポールフライヤーと呼びます。 People **call** it the Singapore Flyer.

□あのね，何だと思う？ **Guess** **what**?

□私たちはサッカーをするつもりです。 We **are** **going** **to** play soccer.

□あなたはどうですか。 **How** **about** **you**?

□あなたは今週末何をするつもりですか。 What **are** you **going** **to** do this weekend?

□私は彼女にケーキを買いました。 I **bought** her a cake.

□彼は私にこの腕時計をくれました。 He **gave** me this watch.

□それは高さが3メートルあります。 It's three meters **tall**.

[Let's Talk 1]

□私の部屋に問題があります。 **I** **have** **a** **problem** **with** my room.

□エアコンが故障しています。 The air conditioner **doesn't** **work**.

□問題をおわびいたします。 I **apologize** **for** the trouble.

□すぐに行きます。 I'll go **right** **away**.

□私はとなりの部屋の男性に会いました。 I met the man **next** **door**.

重要語チェック 英単語を覚えましょう。

[Unit 2]

□変わる，変化する	動change
□種類	名kind
□調理法，レシピ	名recipe
□ピラフ	名pilaf
□…でさえ	副even
□…を耳にする，聞いて知る	動hear
□hearの過去形	動heard
□いつか，そのうち	副sometime
□[条件・仮定]もし…ならば	接if
□もとは，はじめは	副originally
□インド	名India
□直接に	副directly
□世紀，100年	名century
□香辛料，スパイス	名spice
□イギリス[英国]の，イギリス人の	形British
□会社	名company
□…を生産する，…生じる	動produce
□粉	名powder
□販売	名sale
□シェフ，コック長	名chef
□小麦粉	名flour
□濃い，どろっとした	形thick
□混合物，ブレンド	名blend

□…を創造する，つくり出す	動create
□ソース	名sauce
□巻いたもの	名roll
□アメリカ合衆国，米国	名the U.S.
□…だから，…なので	接because
□生の	形raw
□アボカドの実	名avocado
□…を巻きつける	動wrap
□海藻	名seaweed
□イタリア	名Italy

[Let's Talk 2]

□[許可]…してもよい	助may
□親切な行為	名favor
□メニュー	名menu

5

✓ 重要文 チェック 日本語を見て英文が言えるようになりましょう。

[Unit 2]

□私はテレビを見るとき，たくさんの興味深い料理を見ます。

<u>When</u> I watch TV, I see many interesting dishes.[I see many interesting dishes <u>when</u> I watch TV.]

□たくさんの種類の花があります。

There are many <u>kinds of</u> flowers.

□私はそれについて聞いたことがありません。

I never <u>heard of</u> it.

□もし時間があれば，私たちは行くことができます。

<u>If</u> you have time, we can go.[We can go <u>if</u> you have time.]

□ねえ，そこにたくさんの人が訪れるのでしょう。

<u>You know</u>, many people visit there.

□私はこの動物に興味があります。

I <u>am interested in</u> this animal.

□私はカレーはインドから日本に来たと思います。

I <u>think</u> (<u>that</u>) curry came to Japan from India.

□その料理はインドから来ています。

The dish <u>comes from</u> India.

□これは売り物です。

This is <u>for sale</u>.

□私は生魚が好きではないので，すしを食べません。

I do not eat sushi <u>because</u> I do not like raw fish.[<u>Because</u> I do not like raw fish, I do not eat sushi.]

[Let's Talk 2]

□1つお願いしてもよろしいですか。
　──もちろん。

<u>May I</u> ask you a favor?
── <u>Sure</u>.

□私たちの写真を撮ってくださいませんか。
　──いいですよ。

<u>Could you</u> take our picture?

── <u>All right</u>. / <u>OK</u>.

教pp.35〜50

✓ 重要語 チェック 英単語を覚えましょう。

[Unit 3]

□Artificial Intelligence 名AI 人工知能	
□(…を)学ぶ，習う 動learn	
□進歩，発達 名progress	
□lifeの複数形 名lives	
□姿を消す，消滅する 動disappear	
□現れる，姿を現す 動appear	
□…すべきである 助should	
□記事 名article	
□翻訳家，通訳者 名translator	
□驚いた，びっくりした 形surprised	
□翻訳 名translation	
□職業 名career	
□忠告，助言 名advice	
□(…を)説明する 動explain	
□…を訳す，翻訳する 動translate	
□文 名sentence	
□knowの過去形 動knew	
□深い 形deep	
□知識，理解 名knowledge	
□…を発達させる 動develop	
□感覚，センス 名sense	
□いろいろな 形various	
□一般的な，総合的な，全般的な 形general	
□特定の，具体的な 形specific	
□…を続ける 動continue	
□強さ，長所 名strength	

□…を誤解する 動misunderstand	
□意味 名meaning	
□なおそのうえに，さらに 副moreover	
□筆者，作家 名writer	
□感情，気持ち 名feeling	
□…を捕まえる，…をとらえる 動catch	
□人間，人 名human	
□必要な 形necessary	
□効果的に 副effectively	
□関係，結びつき 名relationship	
□…を結びつける，つなぐ 動connect	
□何でも，全てのもの[こと] 代everything	
□理由，根拠 名reason	
□…(と〜)の間で[に，の] 前between	
□[原因・手段]…のために，…によって 前through	

[Let's Write 1]

□電話 名phone	
□紙，用紙 名paper	
□Eメール 名e-mail	

[Stage Activity 1]

□伝言，メッセージ 名message	
□私自身を[に] 代myself	
□…を改善する，上達させる 動improve	
□腕前，技術 名skill	
□…を紹介する 動introduce	

✓ 重要文 チェック 日本語を見て英文が言えるようになりましょう。

[Unit 3]

□ 私たちはたくさんのことをする
　ためにコンピュータを使います。

We use computers to do many things.

□ 私はこれを見て驚いています。

I am surprised to see this.

□ 私はそれを聞いて残念に思いま
　した。

I was sorry to hear that.

□ 私は将来，看護師になりたいで
　す。

I want to be a nurse in the future.

□ これによれば，今日は雨が降る
　でしょう。

According to this, it will be rainy today.

□ ここに今日の天気についての記
　事があります。

Here's an article about today's weather.

□ 翻訳すべきものはいろいろあり
　ます。

We have various things to translate.

□ 私は今日やるべきことがたくさ
　んあります。

I have a lot of things to do today.

□ 人工知能を効果的に使うことが
　重要です。

It is important to use AI effectively.

□ テーブルといすの間にネコがい
　ます。

There is a cat between a table and a chair.

[Let's Write 1]

□ 遅れてごめんなさい。

I'm sorry (that) I'm late.

□ 見てみて。

Take a look.

□ さようなら。それでは。
　　[Eメールなどの結びの言葉]

Bye for now,

[Stage Activity 1]

□ 私は毎日運動をしたいです。

I want to work out every day.

✓ 重要語 チェック 英単語を覚えましょう。

□しかしながら, けれども	圖however	□…に動力を供給する, …を動力で動かす	動power
□古代の	形ancient	□ベルや鈴, かね(の音)	名bell
□エジプト人	名Egyptian	□重い	形heavy
□太陽, 日	名sun	□…を動かす	動move
□棒	名stick	□軽い	形light
□地面, 土地	名ground	□最後には, ようやく	圖eventually
□影	名shadow	□…を始める	動begin
□…を始める	動start	□beginの過去形	動began
□…をはかる	動measure	□…を(持ち)運ぶ, …を持っていく	動carry
□つぼ, かめ	名pot	□どこでも, いたるところに[で]	圖everywhere
□ごく小さい	形tiny		
□穴	名hole	□結果	名result
□減る, 減少する	動decrease	□発明, 発明品	名invention
□火, 炎	名fire	□努力	名effort
□…を燃やす	動burn	□(見たり聞いたりして) …とわかる, …を認識する	動recognize
□ろうそく	名candle		
□例, 実例	名example	□(科学)技術, テクノロジー	名technology
□機械の	形mechanical		
□重いもの, おもり	名weight	□知恵, 英知	名wisdom

✓ 重要文 チェック 日本語を見て英文が言えるようになりましょう。

□ずっと前に寺がありました。	There was a temple <u>long ago</u>.
□これらの花のうちいくつかは青いです。	<u>Some of</u> these flowers are blue.
□私は夜に音楽を聞きます。	I listen to music <u>at night</u>.
□彼は少しずつそのサンドイッチを食べました。	He ate the sandwich <u>little by little</u>.

教pp.57〜67

✓重要語チェック 英単語を覚えましょう。

[Unit 4]

□ホームステイ	名homestay
□アメリカ合衆国	名the United States
□一員，メンバー	名member
□…に従う，…を守る	動follow
□規則，ルール	名rule
□(招待した客をもてなす)主人(役)	名host
□完全な，完ぺきな，最適な	形perfect
□[結婚している女性をさして]…さん，先生	名Mrs.
□…しなければならない	助must
□ひとりで，ただ…だけ	副alone
□安全な	形safe
□若い，幼い	形young
□場合	名case
□…を終える	動finish
□浴室	名bathroom
□そんなに[こんなに]…な	形such
□…を節約する	動save
□(浅い)取り皿	名plate
□…を傷つける	動hurt
□年配の	形elderly
□夫婦	名couple
□退屈した	形bored

□趣味	名hobby
□keep...ing …し続ける	動keep
□keepの過去形	動kept
□注意深く	副carefully
□[both ... and 〜で] …も〜も両方	接both

[Let's Write 2]

□特に，とりわけ	副especially
□それでは。[手紙の結びの言葉]	Best wishes,

✓ 重要文 チェック 🖉 日本語を見て英文が言えるようになりましょう。

[Unit 4]

□あなたは英語を話さなければなりません。

You **have to** speak English

□あなたは完璧な英語を話さなくてもよいです。

You **do not have to** speak perfect English.

□あなたは早く帰って来なければなりません。

You **must** come home early.

□あなたはひとりで外に出てはいけません。

You **must not** go out alone.

□私は1人で外出するつもりです。

I'll **go out** alone.

□少し遅くないですか。

Isn't that a little late?

□父が私を車で迎えに来るでしょう。

My father will come to **pick** me **up**.

□私は浴室を使い終わりました。

I finished **using** the bathroom.

□私たちはどうするべきですか。

What **should** we do?

□彼はテニスをすることが得意です。

He **is good at** playing tennis.

□ゲームをするのは楽しかったです。

Playing games was fun.

□彼女は私の友達の1人です。

She is **one of** my friends.

□結局，彼は来ませんでした。

After all, he didn't come.

□(いっしょに)おどりませんか。

Why don't we dance?

□彼は野球の練習をし続けました。

He **kept** practicing baseball.

[Let's Write 2]

□私はあなたに会えるのを楽しみに待っています。

I'm **looking forward to** seeing you.

11

Unit 5 Universal Design ～Let's Talk 3

✓ 重要語 チェック 英単語を覚えましょう。

[Unit 5]

□ユニバーサルデザイン	名universal design
□製品	名product
□展示	名exhibition
□直接に，じかに	副first-hand
□施設，設備	名facility
□職員，従業員	名staff
□びん，つぼ	名jar
□てこぼこ	名bump
□点字	名braille
□助けになる，役に立つ	形helpful
□特色，特徴	名feature
□プラスチック［ビニール］製の	形plastic
□…を持つ，つかむ，抱く	動hold
□ふつうの，よくある，共通の	形common
□うれしい	形glad
□手すり	名handrail
□(手の)指	名finger
□スロープ	名ramp
□[stairsで]階段	名stair
□…をひく，ひっぱる	動pull
□手荷物	名luggage
□赤ん坊	名baby
□アメリカの，アメリカ人の	形American

□教授	名professor
□子供のころ	名childhood
□[good, wellの比較級]もっとよい，よくなって	形better
□社会	名society
□体の不自由な	形disabled
□…を取り除く	動remove
□壁，障壁	名barrier
□…を創立する	動found
□(活動などの)中心地，センター	名center
□…を広げる，広める	動spread
□spreadの過去形	動spread

[Let's Talk 3]

□(町の)中心街	名downtown
□東，東部	名east
□西，西部	名west

12

✓ 重要文 チェック 日本語を見て英文が言えるようになりましょう。

[Unit 5]

□私はこれらの製品の使い方を
知っています。

I know <u>how to</u> use these products.

□私はこれらの製品の使い方をあ
なたに見せることができます。

I can <u>show</u> you <u>how to</u> use these products.

□こちらに来てください。

Please come <u>over here</u>.

□彼の助けのおかげで，私は宿題
をやり終えました。

<u>Thanks to</u> his help, I finished doing my homework.

□私はあなたが元気でうれしいで
す。

I <u>am glad that</u> you are fine.

□私はこれらの考えが，多くの
人々を助けると確信しています。

I <u>am sure that</u> these ideas help many people.

□彼女はかばんをさがしています。

She is <u>looking for</u> her bag.

□彼は1980年代に生まれました。

He was born in the <u>1980s</u>.

□あなたは何か飲み物を持ってい
ますか。

Do you have <u>something to drink</u>?

[Let's Talk 3]

□ラッフルズ・プレイス駅への行
き方を教えてくださいませんか。
—— 東西線に乗ってください。

<u>Could you tell me how to get to</u> Raffles Place Station?
—— <u>Take</u> the East West Line.

□どれくらい時間がかかりますか。
——30分くらいかかります。

How long <u>does it take</u>?
—— <u>It takes</u> about thirty minutes.

教 pp.83〜93

✓ 重要語 チェック 英単語を覚えましょう。

[Unit 6]

□…を研究する，調査する，研究，調査	動 名 research
□話題，トピック	名 topic
□雑学的な知識	名 trivia
□クイズ	名 quiz
□…よりも	前 接 than
□近所の人，隣人	名 neighbor
□アクション，行動	名 action
□喜劇，コメディー	名 comedy
□アニメの	形 animated
□小説，フィクション	名 fiction
□[比較級を作る]（〜より）もっと…もっと多くのもの[こと]	副 代 more
□[最上級を作る]いちばん…，最も…	副 most
□…に答える	動 answer
□グラフ，図表	名 graph
□パーセント	名 percent
□話，物語	名 story
□恐怖	名 horror
□意見，フィードバック	名 feedback
□話す人，演説者	名 speaker
□中身，内容	名 content
□話しぶり	名 delivery
□接触	名 contact

□speakの過去形	動 spoke
□はっきりと	副 clearly
□資料，データ	名 data
□(映写機の)スライド	名 slide
□文字	名 letter
□(座席の)列	名 row

[Let's Talk 4]

□商品，品物	名 goods
□サイズ，寸法	名 size
□値段	名 price
□中くらいの，Mサイズの	形 medium
□客，顧客	名 customer

✓ **重要文** チェック 日本語を見て英文が言えるようになりましょう。

[Unit 6]

□この映画はあの映画よりも古いです。

This movie is old**er** **than** that one.

□この映画は３本の中でいちばん古いです。

This movie is **the** old**est** of the three.

□この橋とあの橋ではどちらが長いですか。

Which is long**er**, this bridge **or** that one?

□この映画はあの映画よりもおもしろいです。

This movie is **more** interesting **than** that one.

□この映画は今年いちばんおもしろいです。

This movie is **the most** interesting this year.

□今日は来てくれてありがとう。

Thank you for coming today.

□私は全ての中でアニメ映画がいちばん好きです。

I like animated movies **the best** of all.

□彼はイヌやネコのような動物が好きです。

He likes animals **such as** dogs and cats.

□この調査の結果として，この歌は人気があります。

As a result of this research, this song is popular.

□半分以上の生徒がそのクラブに参加しました。

More than half of the students joined the club.

□この映画はあの映画と同じくらい人気があります。

This movie is **as** popular **as** that one.

□私は本が読みたい気がする。

I **feel like** reading a book.

[Let's Talk 4]

□もう少し大きいものを出しましょうか。

Shall I show you a bigger one?

──はい，お願いします。

── **Yes**, **please**.

□このＴシャツはいくらですか。

How much is this T-shirt?

15

✓ 重要語 チェック 英単語を覚えましょう。

□コップ，グラス	名glass	□病気で，ぐあい[気分]が悪い	形ill
□かつて，以前，昔	副once		
□戸別に，1軒ずつ	副door-to-door	□(〜に)…をおくる，(人)を行かせる	動send
□…をかせぐ	動earn		
□少しの	形few	□sendの過去形	動sent
□硬貨，コイン	名coin	□手術	名operation
□ノックする，コツコツたたく	動knock	□目が覚める	動wake
		□wakeの過去形	動woke
□裕福な	形well-off	□生きて，生きた状態で	形alive
□彼女自身，自ら	代herself	□…だと気づく	動realize
□ポケット	名pocket	□封筒	名envelope
□…と答える	動reply	□請求書	名bill
□(代金などを)払う	動pay	□こわがって	形afraid
□親切，親切な行為	名kindness	□内側に，内部に	副inside
□左に[へ]，左側に	副left	□メモ，覚え書き	名note
□思いをめぐらす	動wonder	□支払い済みの	形paid

✓ 重要文 チェック 日本語を見て英文が言えるようになりましょう。

□私にコップ1杯の水をください。	Please give me <u>a glass of</u> water.
□公園には少数の人々がいます。	There are <u>a few</u> people in the park.
□5年が過ぎて，彼は教師になりました。	Five years <u>went by</u> and he became a teacher.
□駅の前にたくさんの店があります。	There are many shops <u>in front of</u> the station.
□その赤ん坊はすぐに目が覚めるでしょう。	The baby will <u>wake up</u> soon.
□私は電車を逃すのがこわいです。	I <u>am afraid to</u> miss the train.

16

Unit 7 World Heritage Sites ～Stage Activity 3

教 pp.105～120

✓ 重要語 チェック 英単語を覚えましょう。

[Unit 7]

□（文化的な）遺産	名heritage
□遺跡	名site
□特有の，独特な	形unique
□貴重な，大切な	形precious
□…を選ぶ	動select
□自分自身の，独自の	形own
□タイプ，種類	名type
□自然の	形natural
□文化の	形cultural
□混合した	形mixed
□選択	名selection
□基準	名standard
□…を決める	動decide
□会議，評議会	名conference
□…を（文化財のリストに）載せる	動list
□油を含んだ	形oily
□霧	名mist
□（草木の）葉	名leaf
□leafの複数形	名leaves
□森，森林	名forest
□美しさ，美	名beauty
□…を保存する，保護する	動preserve
□運河，水路	名canal
□ゴンドラ	名gondola
□buildの過去分詞	動built

□…を横切って，横断して	前across
□壮大な，雄大な	形grand
□光景，名所	名sight
□魅力的な	形attractive
□重大な，（病気などが）重い	形serious
□市民	名citizen
□（水中に）しずむ	動sink
□遊覧，クルージング	名cruise
□波	名wave
□…に損害を与える	動damage
□knowの過去分詞	動known
□世界中に，世界的に	副worldwide
□同じような，似た	形similar
□神聖な	形sacred
□インスピレーション，すばらしい思いつき	名inspiration
□版画	名print
□…に影響を及ぼす	動influence
□seeの過去分詞	動seen
□角度	名angle

[Let's Talk 5]

□holdの過去分詞	動held

[Stage Activity 3]

□喫茶店，カフェ	名cafe
□マンゴー	名mango
□…のそばに	前beside

17

☑ 重要文 チェック 日本語を見て英文が言えるようになりましょう。

[Unit 7]

□ この場所は世界遺産に選ばれて
　います。

This place **is** **selected** as a World Heritage site.

□ この映画は世界中で見られています。

This movie is seen **all** **over** the world.

□ その山々は自然遺産の地域として登録されています。

The mountains **are** **listed** as a natural heritage site.

□ その山々は自然遺産の地域として登録されていますか。

Are the mountains **listed** as a natural heritage site?

　── はい，そうです。

── Yes, they **are**.

　── いいえ，そうではありません。

── No, they **are** **not**.

□ 霧のせいで，私たちは山に登れませんでした。

We couldn't climb the moutain **because** **of** the mist.

□ その市にはあまりにも多くの観光客が訪れています。

The city **is** **visited** **by** too many tourists.

□ 富士山はいろいろな角度から見られます。

Mt. Fuji **can** **be** **seen** from different angles.

□ 1つには，そこでは美しい海を見ることができます。

For **one** **thing**, you can see the beautiful sea there.

[Let's Talk 5]

□ 私といっしょに行きませんか。

Do **you** **want** **to** go with me?

　── 行きたいのですが，できないのです。

── **I'd** **like** **to**, **but** **I** **can't**.

□ [電話で]タナカさんをお願いします。

May **I** **speak** **to** Mr. Tanaka, **please**?

□ あとで電話をかけなおします。

I'll **call** **back** later.

[Stage Activity 3]

□ その公園は多くの花で有名です。

The park **is** **famous** **for** many flowers.

教 pp.122〜126

✓ 重要語 チェック 英単語を覚えましょう。

□惑星	名 planet	□楽しげな，陽気な	形 playful
□写真	名 photograph	□景色，光景	名 scene
□大学	名 university	□…を殺す	動 kill
□ひきつけられる	形 attracted	□氷河	名 glacier
□中央，真ん中	名 middle	□地球温暖化	名 global warming
□荒野	名 wilderness		
□彼自身を[に]	代 himself	□十分な，必要なだけの	形 enough
□writeの過去形	動 wrote	□生息地	名 habitat
□市長，町長，村長	名 mayor	□(しだいに)…になる	動 grow
□…を招待する，招く	動 invite	□土地	名 land
□本当の，真実の	形 true	□[質の変化]…に(なる)	前 into
□…の中で[に，を]，…の間で[に，を]	前 among	□のぼる，上がる，上昇する	動 rise
□便利なこと[もの]	名 convenience	□ゆっくりと，遅く	副 slowly
□…を狩る，狩りをする	動 hunt	□あたたかい	形 warm
□肉	名 meat	□2倍，2度	副 twice
□…を集める，…をつむ	動 gather	□残り，その他	名 rest
□ベリー	名 berry	□地球	名 Earth
□伝統	名 tradition	□…に思い出させる，気づかせる	動 remind
□調和して	副 harmoniously		
□understandの過去形	動 understood	□過去	名 past
□生きている	形 living		
□…を共有する	動 share		
□帰る，戻る	動 return		
□写真家	名 photographer		
□キャンプをする	動 camp		
□厳しい	形 severe		
□野生の	形 wild		
□自由	名 freedom		

重要文チェック 日本語を見て英文が言えるようになりましょう。

□この町の真ん中には大きな図書館があります。
There is a big library <u>in the middle of</u> this town.

□彼は自分でそのケーキをつくりました。
He made the cake <u>for himself</u>.

□彼女の夢は実現するでしょう。
Her dream will <u>come true</u>.

□食べ物は文化の一部です。
The food is <u>a part of</u> culture.

□この島は小さくなっていっています。
This island is <u>growing smaller</u>.

□牛乳はチーズに変わりました。
Milk <u>turned into</u> cheese.

□この山はあの山よりも2倍高いです。
This mountain is <u>twice as</u> high <u>as</u> that one.

□これらの写真は私に学校行事を思い出させます。
These pictures <u>remind</u> me <u>of</u> school events.

□このメッセージを彼に伝えてください。
Please <u>pass on</u> this message <u>to</u> him.